Tragen Sie sich jetzt unter **www.m-vg.de/thermomix** für unseren Newsletter ein und erhalten Sie zu neuen Veröffentlichungen Leseproben und kostenlose Rezepte!

CHARLY TILL

# SÜSSES FÜR KERLE AUS DEM THERMOMIX®

ÜBER 60 LIEBLINGSREZEPTE

Tragen Sie sich jetzt unter **www.m-vg.de/thermomix** für unseren Newsletter ein und erhalten Sie zu neuen Veröffentlichungen Leseproben und kostenlose Rezepte!

**Bibliografische Information der Deutschen Nationalbibliothek:**
Die Deutsche Nationalbibliothek verzeichnet diese Publikation in der Deutschen Nationalbibliografie. Detaillierte bibliografische Daten sind im Internet über http://d-nb.de abrufbar.

**Für Fragen und Anregungen:**
info@rivaverlag.de

**Wichtiger Hinweis:**
Sämtliche Inhalte dieses Buches wurden – auf Basis von Quellen, die die Autorin und der Verlag für vertrauenswürdig erachten – nach bestem Wissen und Gewissen recherchiert und sorgfältig geprüft. Alle Rezepte in diesem Buch wurden für den Thermomix® TM5 entwickelt und mit diesem getestet. Bitte beachten Sie: Der Mixtopf des Thermomix® TM5 ist größer als der des TM31 (Kapazität von 2,2 Litern anstatt 2,0 Liter beim TM31). Daher dürfen aus Sicherheitsgründen die Rezepte aus diesem Buch nur dann mit dem TM31 nachgekocht werden, wenn die Mengen angepasst wurden. Achten Sie auf die Füllstandsmarkierungen und überschreiten Sie die maximale Füllmenge nicht. Der Verlag und die Autorin haften für keine nachteiligen Auswirkungen, die in einem direkten oder indirekten Zusammenhang mit den Informationen stehen, die in diesem Buch enthalten sind. Thermomix® ist ein eingetragenes Warenzeichen der Vorwerk & Co. KG. Diese Publikation ist kein offizielles Lizenzprodukt der Vorwerk & Co. KG.

Originalausgabe
1. Auflage 2018

Nymphenburger Straße 86
D-80636 München
Tel.: 089 651285-0
Fax: 089 652096



Redaktion: Eva Siegmund
Umschlaggestaltung: Laura Osswald
Umschlagabbildungen: Viktor1/Shutterstock.com, Nataliya Arzamasova/Shutterstock.com, amberto4ka/Shutterstock.com, Eddie100164/Shutterstock.com, Fedorovacz/Shutterstock.com
Satz: inpunkt[w]o, Haiger (www.inpunktwo.de)
Druck: Florjancic Tisk d.o.o., Slowenien
Printed in the EU

ISBN Print 978-3-7423-0527-5
ISBN E-Book (PDF) 978-3-7453-0085-7
ISBN E-Book (EPUB, Mobi) 978-3-7453-0086-4

*Weitere Informationen zum Verlag finden Sie unter*
*www.rivaverlag.de*
Beachten Sie auch unsere weiteren Verlage unter www.m-vg.de

# INHALT

# Vorwort

Hallo Männer!

Wer bereits eines meiner anderen Bücher für den Thermomix® gelesen hat oder besitzt, kennt mich ja bereits – und wie ich zum Kochen mit diesem tollen Gerät gekommen bin. Für die anderen die Kurzvariante: Gattin kauft Thermomix® – hat Startschwierigkeiten – ich leiste Hilfe, finde Gefallen an dem Teil und dem, was darin Leckeres entsteht und kann seitdem die Finger nicht mehr von ihm lassen.

*»Echte Männer essen nur Fleisch und Scharfes!«* Ach ja? Da muss ich energisch widersprechen, denn ich kenne wirklich viele »echte Kerle« – und die meisten schaufeln Süßes nur so in sich hinein. Und so lag die Idee nicht allzu fern, mal ein Kochbuch für all die süßen Leckereien zusammenzutragen, die in meinem Thermomix® so entstehen: Von Kuchen, Keksen, süßen Snacks für den »kleinen Hunger« zwischendurch, vorzeigbaren Desserts bis hin zum Lieblingseis – alles im Nu zubereitet. Der Vorteil daran: Wir wissen ganz genau, was drinsteckt …

Und da hungrige Kerle nicht gut zu haben sind (spreche aus Erfahrung), verzichte ich bewusst auf sehr aufwändige Rezepte, damit es möglichst schnell und einfach geht.

Und nun: Ran an den Pott und mixen!

Guten Hunger!

Euer Charly

# Tipps für den Umgang mit dem Thermomix®

1. Allererstes Gebot: Mixtopf und Deckel nach der Benutzung sofort auswaschen oder zumindest mit Wasser einweichen!
2. Beim Pulverisieren von Zucker oder Gewürzen verteilt sich das feine Pulver in der Regel überall im Mixtopf. Mit einem Spatel lässt es sich schlecht nach unten schieben, vor allem bei kleineren Mengen. Dafür verwende ich einen Küchenpinsel. Unter den Messbecher kann man ein Küchenpapiertuch stecken, dann kommt der feine Staub nicht durch. Vor dem Öffnen des Mixtopfes etwas abwarten, bis sich der »Nebel« gesetzt hat.
3. Die eingebaute Waage ist nicht immer genau. Wenn die exakte Menge besonders wichtig ist (zum Beispiel zum Abwiegen von Gewürzen oder für Backwaren), empfehle ich eine externe Digitalwaage mit 1-g-Einteilung.
4. Das Schlagen von Sahne, Eiweiß oder die Herstellung von Eis gelingt besser, wenn der Mixtopf zuvor für etwa 30 Min. im Gefrier- oder Kühlschrank gekühlt wird. Ist dafür mal keine Zeit, so zerkleinert man einfach einige Eiswürfel (**15 Sek./Stufe 10/mit MB**), die man anschließend wegwirft (oder für einen kleinen Drink zwischendurch nutzt), dann ist der Mixtopf auch schön kalt. Außerdem muss der Mixtopf natürlich für Eischnee absolut fettfrei sein!
5. Wenn man den Varomaaufsatz benutzt, dann sollte man wirklich gut aufpassen, denn das Teil wird richtig heiß! Ich decke das Ganze gerne mit einem (Stoff-)Küchentuch oder alten Frotteehandtuch ab und bin wirklich vorsichtig beim Öffnen des Deckels bzw. Herunternehmen des Varomaaufsatzes. Denn man verbrüht sich schnell am heißen Dampf, der aus dem Mixtopf steigt!
6. Varomakochen: Unter das Blatt oder Päckchen aus Backpapier legt man zwei Gabeln oder Suppenlöffel über Kreuz, so verteilt sich der Wasserdampf gleichmäßig, auch wenn viele Schlitze abgedeckt werden.
7. Den Rühreinsatz (Schmetterling) darf man nur bis Stufe 4 verwenden! Er ist ansonsten hitzebeständig (bis etwa 120 °C nach Herstellerangaben) und es lohnt sich, ihn für die Herstellung von Eis und Kaltem oder zum Schlagen von Eischnee und Schlagsahne mehrere Stunden in den Gefrierschrank zu legen.
8. Klebrige Teigreste oder fette Speisereste entfernt man am einfachsten, indem man vier Tropfen (Marken-)Spülmittel sowie 1 l Wasser in den Mixtopf füllt und diesen dann **4 Min./70 °C/Stufe 5–6** laufen lässt. Wenn Schaum hochsteigt, auf Stufe 2 reduzieren. Meistens ist der Topf nun schon sauber und muss nur nachgespült und getrocknet werden. Bei Hefeteigen, die besonders schwer sind, sollte man den Mixtopf dennoch auseinanderbauen, denn der Teig setzt sich gerne unter der Dichtung ab.
9. Koch- sowie Rührdauer können variieren: Wir arbeiten ja mit Naturprodukten, und diese weisen zum Beispiel einen unterschiedlichen Wasser-, Zucker oder Stärkegehalt auf. So kann es durchaus vorkommen, dass Gerichte entweder etwas kürzer oder auch länger gekocht/gerührt werden müssen.

## Verwendete Abkürzungen

| | |
|---|---|
| TM | Thermomix® (gemeint ist dabei der Mixtopf) |
| MB | Messbecher (durchsichtiger Innendeckel zum Abdecken und Abmessen) |
| Mixtopf | Koch- und Mixbehälter des Thermomix® |
| Mixbecher | Mixtopf |
| Rühraufsatz | Schmetterling, zum Schlagen von Eischnee, Sahne etc. |
| Stufe … | Rührstufe (Drehgeschwindigkeit) |
| Linkslauf | Schalter zum Umstellen von Zerkleinern (mixen, pürieren) auf Vermischen (Aufschlagen, Verrühren) |
| Spateln | mit dem Original-Spatel oder einem Silikonspatel Gehacktes, Gemahlenes oder Püriertes nach unten schieben (den Deckel nicht vergessen) |
| TL | Teelöffel |
| TL, geh. | Teelöffel, gehäuft (alles, was draufgeht!) |
| TL, gestr. | Teelöffel, gestrichen (wenn man mit dem Finger darüberstreicht, etwas weniger als ein normal voller TL) |
| EL | Esslöffel |
| EL, geh. | Esslöffel, gehäuft (alles, was draufgeht!) |
| EL, gestr. | Esslöffel, gestrichen (wenn man mit dem Finger darüberstreicht, etwas weniger als ein normal voller EL) |
| 1 Prise | etwa die Menge, die zwischen Daumen und Zeigefinger passt |
| 1 Msp. | die Menge, die auf die Spitze eines Küchenmessers passt (etwas weniger als 1 Prise) |

## Angegebene Zeiten

Zubereitung: So lange benötigt man für die Arbeiten.
Rührdauer: So lange ist der Thermomix® im Einsatz.
Andere Zeiten wie Backzeit, Abkühlzeit, Wartezeit, Marinierzeit etc. kommen noch hinzu, bis das Essen dann fertig ist.

## Stäbchentest

Beim Kuchenbacken macht man den sogenannten Stäbchentest (oder Stäbchenprobe), um zu sehen, ob er bereits durch ist. Gerade weil kein Backofen wirklich wie der andere ist, können Backzeiten immer nur ungefähr angegeben werden und variieren. Man nimmt einfach gegen Ende der Backzeit ein (sauberes) Holzstäbchen (Schaschlikspieß) und sticht damit an der dicksten Stelle direkt in den Kuchen hinein bis zur Mitte. Herausziehen – bleibt noch flüssiger Teig daran hängen, braucht der Kuchen noch etwas. Sobald nichts mehr hängenbleibt, sollte der Kuchen aus dem Rohr.

Sollte noch flüssiger Teig daran hängen und der Kuchen bereits von oben zu dunkel werden, deckt man ihn mit Alufolie ab.

# BASICS

# Zitronenzucker

Dieser feine Zucker wird mit Bio-Zitronenschalen aromatisiert, ohne Zusatzstoffe und Konservierungsmittel. Er gibt Cremes, Kuchen, Gebäck und sogar Marmeladen und Marinaden ein süß-fruchtiges Aroma. In einem verschlossenen Einmachglas hält er sich 3 Wochen lang frisch.

**Für 60 g**
**Zubereitung: 5 Min.**
**Rührdauer: 30 Sek.**

2 Bio-Zitronen
120 g Zucker

1. Die Zitronen mit heißem Wasser gut abspülen, dann abtrocknen.
2. Mit einer scharfen Reibe die Schalen bis zur weißen Unterhaut abreiben.
3. Mit dem Zucker in den Mixtopf geben und **1 Min./Stufe 2/ohne MB** mischen.

# Vanillezucker

Selbst gemachter »echter« Vanillezucker, also nicht mit dem meist künstlich hergestellten Vanillin aromatisierter Zucker, schmeckt viel besser, ist gesünder und kostet wesentlich weniger als Zucker, der mit richtiger Vanille gemischt ist. Er verfeinert Süßspeisen, Eis, Kuchen, Marmelade, aber auch orientalische Gerichte und Marinaden.

**Für 60 g**
**Zubereitung: 1 Min.**
**Rührdauer: 1 Min.**

2 Vanilleschoten (am besten getrocknete)
3 EL Zucker (weiß oder Rohrohrzucker)

1. Die Vanilleschoten mit einer Schere in 1 cm Stücken direkt in den (trockenen!) Mixtopf schneiden oder brechen. Zucker zufügen und alles **10 Sek./Stufe 10/mit MB** fein mahlen. Warten, bis sich der Zuckerstaub etwas gesetzt hat, dann mit einem Pinsel Deckel und Mixtopf nach unten auswischen und wiederholen.
2. Den Vanillezucker in ein sauberes Schraubglas einfüllen (wer hat, verwendet dafür einen Marmeladeneinfülltrichter).

# Zimtzucker

Selbst gemahlen schmeckt Zimtzucker viel besser, als wenn man nur Zimtpulver mit Zucker vermischt (was grundsätzlich natürlich auch funktioniert). Man streut ihn über Kuchen, Süßspeisen, süßen Frühstücksbrei und Pfannkuchen.

**Für 150 g**
**Zubereitung: 2 Min.**
**Rührdauer: 3 Min.**

1 Zimtstange
150 g Zucker

1. Die Zimtstange in einen Gefrierbeutel stecken und mit der flachen Seite eines Fleischklopfers in kleine Stücke zerklopfen.
2. Die Zimtstücke in den (trockenen!) Mixtopf schütten und **1 Min./Stufe 10/mit MB** mahlen.
3. Zucker zugeben und wiederholen. Warten, bis sich der Zuckerstaub etwas gesetzt hat, dann mit einem Pinsel Deckel und Mixtopf nach unten auswischen und nochmals mahlen.
4. Den Zimtzucker in ein sauberes Schraubglas füllen (wer hat, verwendet dafür einen Marmeladentrichter).

# DIY-Kakaopulver

Eine leckere Kakaomischung, die zudem viel weniger Zucker enthält, dafür umso mehr Kakao, also schokoladiger schmeckt, als die meisten handelsüblichen »kakaohaltigen Getränkepulver«. Löst sich in warmer Milch besser als in kalter und verfeinert Schokokuchen und -desserts.

**Für 180 g**
**Zubereitung: 1 Min.**
**Rührdauer: 1 Min.**

100 g Kakaopulver, stark entölt (Backkakao)
70 g Zucker
10 g Zimtpulver

1. Alle Zutaten im Mixtopf **1 Min./Stufe 10/mit MB** mahlen.
2. In ein dichtes Schraubglas füllen. Hält sich 6 Monate.

Varianten:

- 15 g gefriergetrocknetes Kaffeepulver vor dem Mahlen zugeben
- 1 getrocknete Vanilleschote in Stücken vor dem Mahlen zugeben, eventuell nochmals **10 Sek./Stufe 10/mit MB** pulverisieren
- Zimtpulver ersetzen durch 15 g Lebkuchengewürzpulver

# SÜSSES ZUM FRÜHSTÜCK

# Kokos-Haferbrei mit Cranberrys

**Für 1300 g, ca. 4 Portionen**
**Zubereitung: 3 Min.**
**Rührdauer: 16 Min.**
**Abkühlen: 4 Min.**

70 g Mandeln
30 g Kürbiskerne
30 g Kokosraspel
1000 g Vollmilch
200 g Vollkornhaferflocken
20 g Leinsamen
30 g getrocknete Cranberrys
Honig oder Dicksaft, nach Belieben

1. Mandeln, Kürbiskerne und Kokosraspel **10 Sek./Stufe 9/mit MB** zerkleinern, umfüllen.
2. Vollmilch und Haferflocken sowie Leinsamen im Mixtopf **11 Min./95 °C/ Stufe 1/Linkslauf/mit MB** kochen.
3. Nach etwa 5 und nochmals nach 8 Min. ein paar Sekunden auf Stufe 3 hochdrehen zum Durchmischen, dann wieder auf Stufe 1 reduzieren.
4. Gemahlenen Mandelmix und die Cranberrys zugeben und **10 Sek./ Stufe 5/mit MB** mischen, **4 Min./Stufe 2/Linkslauf/ohne MB** abkühlen lassen. Nach Geschmack evtl. süßen, in vier Schüsseln aufteilen und noch warm oder kalt genießen. Evtl. noch mit Cranberrys bestreuen und servieren.

# Schneller Schokogenuss (Aufstrich)

**Für 300 g**
**Zubereitung: 4 Min.**
**Rührdauer: 3 Min.**

- 200 g Vollmilchschokolade
- 100 g Zartbitterschokolade
- 70 g Sahne
- 1 Prise Zimtpulver

Hält sich im Kühlschrank 3–4 Wochen.

Schmeckt nicht nur auf Brot, sondern auch auf Pfannkuchen wunderbar …

1. Schokoladetafeln in Stücke brechen, im Mixtopf **10 Sek./Stufe 8/mit MB** zerkleinern, spateln. Sahne und Zimtpulver zufügen und **3 Min./Stufe 2/70 °C/mit MB** schmelzen. Mit dem Spatel durchrühren und in ein größeres, sauber gespültes, trockenes Schraubglas füllen.

# Bananenbrot

**Für 8 Stücke**
**Zubereitung: 5 Min.**
**Rührdauer: 4 Min.**
**Backen: 50–60 Min.**

100 g Vollkorn-Haferflocken
150 g Weizenmehl
½ TL Zimtpulver
1 Prise Salz
1 TL Backpulver
200 g Babybananen, sehr reif
2 EL Zitronensaft
2 Eier, Gr. M
125 g Mandelmus
2 EL flüssiger Honig oder Agavendicksaft
75 g Nüsse, nach Belieben (Mandeln, Walnüsse oder Cashews, grob gehackt)
Königskuchenform, 24 cm

1. Haferflocken, Mehl, Zimt, Salz und Backpulver im **Mixtopf 10 Sek./ Stufe 9/mit MB** zerkleinern, umfüllen.
2. Die Bananen schälen und mit dem Zitronensaft im **Mixtopf 5 Sek./ Stufe 8/mit MB** mixen, spateln und wiederholen.
3. Eier, Mandelmus und Honig oder Agavendicksaft zufügen, **1 Min./Stufe 5/mit MB** cremig rühren.
4. Mehlmischung zufügen und **2 Min./Stufe 2/mit MB** mischen, spateln.
5. Die gehackten Nüsse **20 Sek./Stufe 2/ohne MB** unterrühren.
6. Ein Blatt Backpapier anfeuchten, auswringen und die Kuchenform damit möglichst faltenfrei auslegen. Den Teig einfüllen, glattstreichen.
7. Im Backofen auf mittlerer Schiene 50–60 Min. backen (Stäbchenprobe). Kuchen herausnehmen, etwas abkühlen lassen, dann aus der Form nehmen, Backpapier vorsichtig abziehen.

Bananenbrot macht man vor allem aus leicht überreifen Bananen, die bereits braune Pünktchen auf der Schale haben. Man kann es auch in einer flachen Backform mit 30 x 40 cm backen, dann ist es in 30–40 Min. fertig.

Es schmeckt sehr gut mit Butter und Konfitüre bestrichen oder mit einem cremigen oder schokoladigen Aufstrich.

# Süßes Schaum-Omelett

**Für 2 Portionen**
**Zubereitung: 5 Min.**
**Rührdauer: 9 Min.**
**Braten: 15–20 Min. je Omelett**

- 60 g Zucker
- 6 Eier, Gr. L
- 1 Prise Salz
- 2 EL Butterschmalz zum Ausbraten
- 30 g Mehl
- 30 g eingeweichte Rosinen, gut abgetropft
- Puderzucker zum Bestreuen

1. Zucker im Mixtopf **9 Sek./Stufe 10/mit MB** zu Puderzucker mahlen, mit dem Küchenpinsel nach unten streichen, umfüllen.
2. Die Eier trennen, Eiweiß und Salz in den Mixtopf geben (s. Anmerkung unten, Mixtopf evtl. nochmals spülen).
3. Rühraufsatz einstecken und **4 Min./Stufe 3.5/mit MB** zu Eischnee schlagen, evtl. zwischendurch den Eischnee mit dem Spatel hinunterschieben. Den festen Eischnee in eine (fettfreie) große Schüssel umfüllen. Rühraufsatz entfernen.
4. Eigelbe und Zucker in den Mixtopf geben (muss nicht vorher gespült werden) und **4 Min./Stufe 4/mit MB** cremig schlagen.
5. Eine oder besser gleich zwei Pfannen (Durchmesser etwa 18 cm) auf dem Herd bei mittlerer Hitze mit je 1 EL Butterschmalz erhitzen.
6. Mehl zum Eigelb geben und **15 Sek./Stufe 2/mit MB** mischen. 1 geh. EL vom Eischnee zufügen und mithilfe des Spatels unterheben.
7. Die Eimasse auf den Eischnee geben und mit dem Spatel vorsichtig unterheben.
8. Die Masse dann in die heißen Pfannen füllen, die Rosinen darauf verteilen und die Omeletts ohne Umdrehen backen, bis sie »Füßchen« am Rand bekommen und sich mit einem Heber herausnehmen lassen. Kurz bevor sie fertig sind, evtl. noch einmal die Hitze etwas erhöhen, aufpassen, dass sie nicht anbrennen.
9. Auf jeweils einen Teller kippen, eine Hälfte über die andere klappen.
10. Mit Puderzucker bestreuen und servieren.

Der Mixtopf, der Deckel, der Rühraufsatz und der Spatel müssen zum Schlagen vom Eischnee unbedingt absolut fettfrei sein! Man benötigt ganz frische Eier und beim Trennen darf kein Eigelb ins Eiweiß gelangen.

# Milchreis

**Für 2 l (kann auch kalt gegessen werden)**
**Zubereitung: 5 Min.**
**Rührdauer: 46 Min.**
**Quellen: 30 Min.**

1,5 l frische Vollmilch
250 g Milchreis
1 Prise Kardamom, gemahlen
100 g Butter
70 g Zucker
2 TL Vanillezucker
1 Prise Salz
Zimtpulver zum Bestreuen

1. Milch, Reis und Kardamom in den Mixtopf geben und **20 Min./90 °C/Linkslauf/Stufe 1/mit MB** garen. Dann **10 Sek./Linkslauf/Stufe 3/mit MB** durchmischen. Nochmals **20 Min./90 °C/Linkslauf/Stufe 1/mit MB** kochen.
2. Butter, Zucker, Vanillezucker und Salz zugeben und **30 Sek./Linkslauf/Stufe 3/mit MB** einrühren.
3. Danach den Milchreis nochmals **5 Min./90 °C/Linkslauf/Stufe 1/mit MB** fertigkochen.
4. In eine große oder acht kleine Schälchen umfüllen und etwa 30 Min. nachziehen lassen.
5. Mit etwas Zimt bestreuen.

Wer mag, begießt den Milchreis mit etwas Karamellsoße (s. Rezept S. 73).

Fürs Frühstück evtl. bereits am Vorabend zubereiten.

# KUCHEN

# Schoko-Marzipan-Orangentorte

**Für 12 Stücke**
**Zubereitung: 30 Min.**
**Rührdauer: 32 Min. (mit Glasur)**
**Backen: 30 Min.**
**Kühlen: 1–2 Std.**

**Für den Kuchen:**

140 g Mehl
70 g Speisestärke
1,5 Pk. Backpulver (24 g)
30 g Kakaopulver, entölt
180 g Zucker
1 TL Vanillezucker
6 Eier, Gr. L (oder 7 Eier, Gr. M)
1 ½ MB Mineralwasser, spritzig
1 Prise Salz
Weiche Butter zum Einfetten
Springform, 26 cm

**Für die Füllung:**

150 g Rohmarzipan, in Stücken
250 g Orangenmarmelade (45 g Frucht auf 100 g, z. B. dänische)
80 g weiche Butter

**Für die Glasur:**

1 Pk. Haselnussglasur, z. B. von Pickerd (200 g)
50 g Beeren und/oder ein paar gehackte Nüsse nach Wunsch

1. Backofen vorheizen auf 190 °C Umluft (200 °C Ober-/Unterhitze).
2. Eine Springform gründlich mit Butter einfetten.
3. Mehl, Speisestärke, Backpulver und Kakao im Mixtopf **30 Sek./Stufe 4/mit MB** mischen, umfüllen.
4. Zucker und Vanillezucker **10 Sek./Stufe 10/mit MB** pulverisieren, spateln.
5. Eier trennen, Eigelbe in den Mixtopf zum Zucker schütten und **5 Min./Stufe 5/mit MB** rühren.
6. Dann nochmals **1 Min./Stufe 3/ohne MB** laufen lassen, dabei die Mehlmischung abwechselnd mit dem Mineralwasser durch die Deckelöffnung zulaufen lassen. Mit einem weichen Spatel nochmals umrühren bis auf den Boden, dann in eine große Schüssel umfüllen.
7. Mixtopf vollkommen fettfrei spülen, mit kaltem Wasser nachspülen und trocknen. Rühraufsatz einstecken, Eiweiß und Salz hineingeben und **4 Min./Stufe 3.5/mit MB** zu Eischnee aufschlagen.
8. Etwa $^1/_3$ vom Eischnee zum Teig geben und mit dem Spatel unterheben, danach den restlichen Eischnee (am besten gleich mit der Hand) aus dem Mixtopf nehmen und dazugeben, mit dem Spatel mehr heben als rühren, bis keine Eiweißinseln mehr sichtbar sind.
9. Diesen fluffigen Teig in die gefettete Springform füllen und auf der zweiten Schiene von unten im Backofen 30 Min. backen. Dabei die Ofentür nicht öffnen, sonst fällt der Kuchen zusammen.
10. Im geöffneten Ofen noch 5 Min. nachziehen lassen.
11. Herausnehmen, den Ring abnehmen und den Boden auskühlen lassen.
12. Mit einem langen, scharfen Messer oder mittels eines Bindfadens den Kuchen horizontal in zwei etwa gleich dicke Teile schneiden.
13. In der Zwischenzeit Mixtopf spülen, das Marzipan im Mixtopf **6 Sek./Stufe 6/mit MB** zerkleinern.
14. Orangenmarmelade und Butter zufügen, **30 Sek./Stufe 5/mit MB** mixen, spateln und wiederholen.

15. Die Creme in eine kleine Schüssel umfüllen und in den Kühlschrank stellen bis zur weiteren Verarbeitung.
16. Die Glasur schmelzen: in den Garkorb die geschlossene (!) Packung legen, diesen in den Mixtopf einhängen, mit Wasser auffüllen bis alles bedeckt ist und **25 Min./Stufe 1.5/mit MB** verflüssigen.
17. Eine Teigplatte auf einen Tortenboden setzen und mit der Füllung gleichmäßig bestreichen (das geht am besten mit einem Messer, weil die Füllung etwas klebrig ist).
18. Den zweiten Boden daraufsetzen.
19. Die flüssige Glasur langsam über den Kuchen gießen. Überschüssige Glasur kann später mit dem Messer abgeschabt und als Deko verwendet werden. Die verlesenen Beeren und/oder Nüsse, wenn gewünscht, darauf verteilen.
20. Die Torte 1–2 Std. im Kühlschrank ziehen lassen.
21. Mit geschlagener Sahne oder Eierlikörsahne servieren.

# Upside-down Apfelkuchen mit Salzkaramell

**Für 12 Stücke**
**Zubereitung: 20 Min.**
**Karamellisieren: 20 Min.**
**Rührdauer: 8 Min.**
**Backen: 35–40 Min.**

**Für das Karamell:**
150 g Zucker
40 g Butter
1 Prise Meersalz, fein
1 EL Sahne

**Für den Teig:**
500 g leicht säuerliche Äpfel
3 EL Zitronensaft
220 g Mehl
1 TL Backpulver
½ TL Zimtpulver
120 g Butter, weich
150 g Zucker
4 Eier, Gr. M
1 ½ MB Milch
Butter zum Einfetten
Tarte- oder Springform, 24 cm

1. Äpfel waschen, abtrocknen, schälen, Kerngehäuse herausstechen und das Fruchtfleisch würfeln. Mit Zitronensaft beträufeln.
2. Für das Karamell 1/3 vom Zucker in einem Kochtopf ohne Fett bei mittlerer Hitze schmelzen lassen, nächstes Drittel darauf verteilen, nicht umrühren, sondern den Topf nur rütteln (darauf achten, dass der Zucker nicht dunkelbraun wird, dann ist er bereits verbrannt und schmeckt bitter).
3. Das letzte Drittel darauf geben und wieder nur den Topf sanft rütteln, bis die letzten Zuckerkristalle zu sehen sind, dann erst mit einem Holzlöffel umrühren (sehr heiß!).
4. Butter und Salz zugeben und unter langsamen Rühren kochen, die Sahne zum Schluss einrühren, sodass ein sämiges, dunkelorangefarbenes Karamell entsteht. Ist es zu dunkel, schmeckt das Karamell bitter und verdirbt den Kuchen!
5. Eine Tarte- oder Springform einfetten. Das Karamell hineingießen und die Apfelstücke darauf verteilen (Vorsicht, das Karamell ist heiß!).
6. Backofen vorheizen auf 170 °C Umluft (185 °C Ober-/Unterhitze).
7. Für den Teig Mehl, Backpulver und Zimt im Mixtopf **30 Sek./Stufe 4/ mit MB** mischen, umfüllen.
8. Butter, Zucker und Eier im Mixtopf **5 Min./Stufe 4/mit MB** schaumig schlagen.
9. Die Hälfte vom Mehl zugeben, **2 Min./Stufe 3/mit MB** mischen, restliches Mehl durch die Deckelöffnung abwechselnd mit der Milch portionsweise zufügen. Mit dem Spatel nochmals durchmischen.
10. Den Teig auf die Äpfel gießen und glattstreichen.
11. Im Backofen auf der zweiten Schiene von unten 35–40 Min. auf einem Backblech (nicht dem Gitter!) backen (Stäbchenprobe). Evtl. nach 20 Min. einen Bogen Alufolie darauflegen, damit der Kuchen nicht zu dunkel wird.
12. Aus dem Ofen nehmen und sofort auf einen großen Kuchenteller stürzen. Sofern noch ein Apfelrest in der Form hängenbleibt, diesen herauskratzen und auf den Kuchen geben.

# Buttermilch-Orangen-Pie

**Für 12 Stücke**
**Zubereitung: 10 Min.**
**Rührdauer: 8 Min.**
**Kühlen: 20 Min.**
**Backen: 60 Min. + 10 Min. Nachruhen**

**Für den Mürbeteig:**

140 g Mehl
1 Prise Salz
40 g Zucker
80 g Butter
1 Eigelb, Gr. M
1–1 ½ EL eiskaltes Wasser
Butter zum Einfetten
1 Tarteform, ca. 23 cm Durchmesser mit 4–5 cm hohem Rand

**Für die Füllung:**

170 g Zucker
120 g Butter, weich
1 Prise Salz
10 g Orangenzucker
3 Eier, Gr. M
½ TL Zimt
1 TL Vanillezucker
40 g Mehl
230 g Buttermilch

1. Für den Mürbeteig alle Zutaten bis auf das Wasser in den Mixtopf geben und **1.30/Teigstufe/ohne MB** kneten.
2. Sobald der Teig krümelig wird (wie für Streusel), das Wasser durch die Deckelöffnung zugeben, erst einmal 1 EL, wenn nötig, noch einen halben.
3. Die Tarteform gut mit Butter einfetten (auch die Ränder). Den Teig entweder auf einer bemehlten Arbeitsfläche ausrollen und in die Form geben oder direkt in der Form auseinanderdrücken, auch die Ränder müssen bis über die Hälfte bedeckt sein. Die Form für 25 Min. in den Kühlschrank stellen.
4. In der Zwischenzeit die Füllung zubereiten und den Backofen auf 160 °C Ober-/Unterhitze vorheizen.
5. Zucker, Butter, Salz, Orangenzucker, Eier, Zimt und Vanillezucker im Mixtopf **5 Min./Stufe 4/mit MB** rühren.
6. Mehl zugeben, **1 Min./Stufe 3.5/mit MB** mixen.
7. Buttermilch zufügen, **30 Sek./Stufe 3/mit MB** mischen.
8. Nach der Kühlzeit die Form aus dem Gefrierschrank nehmen und die Füllung hineingießen. Vorsichtig auf die zweite Schiene von unten in den Backofen stellen und 60 Min. backen. Ofen ausschalten, Pie im geschlossenen Ofen 10 Min. nachziehen lassen, dann herausnehmen.
9. Wer mag, bestreut den abgekühlten Kuchen noch mit etwas Puderzucker.

Statt dem selbst gemachten kann man auch 300 g bereits fertig ausgerollten Mürbeteig aus dem Kühlregal kaufen.

Der Mürbeteig eignet sich sehr gut auch für das folgende Rezept (Herrentarte mit Eierlikör).

# Herrentarte mit Eierlikör

**Für 12 Stücke**
**Zubereitung: 10 Min.**
**Rührdauer: 8 Min.**
**Gefrieren: 25 Min.**
**Backen: 15–16 Min.**
**Kühlen: 5–12 Std.**

300 g Mürbeteig aus dem Kühlregal oder vom Rezept für Buttermilch-Orangen-Pie, S. 30
1 Tarteform, ca. 23 cm Durchmesser mit 4–5 cm hohem Rand
150 g Zartbitterschokolade, in Stücken oder Callets
250 g Vollmilchschokolade, in Stücken oder Callets
250 g Schlagsahne
150 g Eierlikör
25 g Pistazien, gehackt
25 g Haselnusskrokant

1. Mürbeteig wie auf S. 30 beschrieben zubereiten oder Fertigprodukt verwenden.
2. Die Tarteform gut mit Butter einfetten (auch die Ränder). Den Teig auf einer bemehlten Arbeitsfläche ausrollen und in die Form geben oder direkt in der Form auseinanderdrücken, auch die Ränder müssen bis über die Hälfte bedeckt sein. Wird ein Fertigteig verwendet, ist dieser bereits ausgerollt auf Backpapier und wird einfach nur in die Tarteform gelegt, die Ränder etwas angedrückt und überstehender Teig abgeschnitten.
3. Mit einer Gabel den Boden einstechen. Die Form für 25 Min. in den Gefrierschrank geben.
4. In der Zwischenzeit den Backofen vorheizen auf 180 °C Umluft (190 °C Ober-/Unterhitze).
5. Den Boden im heißen Backofen 8 Min. backen, dann mit einer Gabel nochmals einstechen und 7–8 Min. weiterbacken, bis der Teig leicht Farbe annimmt.
6. Herausnehmen und ganz auskühlen lassen.
7. Die Schokoladen im Mixtopf **9 Sek./Stufe 9/mit MB** zerkleinern, umfüllen.
8. Schlagsahne **3 Min./70 °C/Stufe 1/ohne MB** erhitzen. Schokolade zugeben und **3 Min./Stufe 3/ohne MB** schmelzen. Eierlikör zugeben und **1 Min./Stufe 3/ohne MB** mischen.
9. Pistazien und Krokant in einer Tasse mischen.
10. Die Schokoladenmasse auf den Teig in die Tarteform gießen, etwas anziehen lassen. Wenn die Masse anfängt, zu erstarren, die Nussmischung gleichmäßig am Rand entlang verteilen. Die Tarte dann im Kühlschrank durchkühlen.
11. Gekühlt genießen, hält sich ein paar Tage im Kühlschrank.

Eine hochwertige Schokolade ergibt auch eine besonders leckere Tarte (ich habe z. B. mit Callebault-Schokoladen gute Erfahrungen gemacht).

Wer es noch bitterer mag, dreht das Schokoladen-Mischverhältnis um.

# Biskuitroulade mit Fruchtfüllung

**Für 12 Stücke**
**Zubereitung: 10 Min.**
**Rührdauer: 8 Min.**
**Backen: 10–15 Min.**

80 g Mehl
50 g Speisestärke
1 TL Backpulver
1 Prise Salz
4 Eier, Gr. M
4 EL heißes Wasser
130 g Zucker
1 TL Vanillezucker
200 g Konfitüre, nach Belieben (mit möglichst hohem Fruchtanteil)
2 EL Orangenlikör
Puderzucker zum Bestäuben
Evtl. etwas Fruchtsoße

1. Backofen auf 190 °C Ober-/Unterhitze vorheizen, ein Backblech mit Backpapier belegen.
2. Mehl, Speisestärke, Backpulver und Salz im Mixtopf **1 Min./Stufe 3/mit MB** mischen, umfüllen.
3. Rühraufsatz in den Mixtopf einstecken. Eier und heißes Wasser **4 Min./Stufe 3.5/mit MB** schaumig rühren. Zucker bis auf 1 EL sowie den Vanillezucker zugeben, **2 Min./Stufe 3.5/ohne MB** weiterschlagen.
4. Mehlmischung zuschütten, **45 Sek./Stufe 2.5/mit MB** unterheben.
5. Teig mit einem Teigspatel etwa 1 cm dick auf das Backpapier streichen. Mixtopf spülen.
6. Auf der zweiten Schiene von unten 10–15 Min. backen, bis der Biskuit langsam Farbe annimmt, dann herausnehmen.
7. Ein großes sauberes Geschirrtuch auf der Arbeitsfläche ausbreiten und gleichmäßig mit 1 EL Zucker bestreuen. Biskuit aus dem Ofen nehmen, auf das Tuch stürzen.
8. Das Backpapier vorsichtig abziehen. Den Biskuit mithilfe des Geschirrtuchs aufrollen, auskühlen lassen.
9. Die Konfitüre mit dem Likör im Mixtopf **20 Sek./Stufe 3/ohne MB** glattrühren.
10. Die Biskuitrolle auf dem Geschirrtuch wieder entrollen. Mit der Konfitüre einstreichen. Biskuit mit der Füllung wieder aufrollen.
11. An den Enden gerade abschneiden.
12. Bis zum Servieren kühl stellen, mit Puderzucker bestäuben, nach Belieben mit Fruchtsoße dekorieren.

# Schichttorte mit Buttercreme

**Für 12 Stücke**
**Zubereitung: 20 Min.**
**Rührdauer: 9 Min.**
**Kühlen: 20 Min. für die Creme, 2–3 Std. für die Torte**

6–7 Eiweiß, Gr. M (250 g)
250 g Zucker
1 TL Vanillezucker
500 g Butter, weich
1 Wiener Boden, dreilagig
200 g Erdbeerkonfitüre
125 g Himbeeren
125 g Heidelbeeren
1–2 TL Schokoladenraspel

1. Eiweiß, Zucker und Vanillezucker im Mixtopf **4 Min./80 °C/Stufe 0.5/ mit MB** erhitzen.
2. Rühraufsatz einstecken und **4 Min./Stufe 3.5/mit MB** cremig schlagen. Mixtopf aus dem Thermomix® nehmen und 20 Min. abkühlen lassen.
3. Weiche Butter zugeben und Mixtopf **1 Min./Stufe 2/mit MB** unterheben.
4. Einen Teil vom Wiener Boden auf eine Tortenplatte setzen, mit der Erdbeerkonfitüre gleichmäßig bestreichen.
5. Den zweiten Boden darauflegen, mit etwas von der Buttercreme bestreichen und die Früchte darauflegen.
6. Mit der restlichen Buttercreme bedecken und glattstreichen.
7. Mit Schokoladenraspeln bestreuen bzw. Schokolade direkt daraufraspeln.
8. 2–3 Std. lang im Kühlschrank fest werden lassen.

# Charlys Espresso-Käsekuchen

**Für 12 Stücke**
**Zubereitung: 5 Min.**
**Rührdauer: 9 Min.**
**Backen: 60 Min.**

200 g Butterkekse
150 g Butter, in Stücken
½ TL Zimtpulver
4 Eier, Gr. L
200 g Zucker
250 g Sahnequark, 40 % Fett
250 g Magerquark
3 Kapseln Espresso (z. B. Nespresso)
1 Prise Salz
50 g Stärke
1 TL Backpulver
Butter zum Einfetten
Puderzucker zum Bestreuen
Springform, 24 cm

1. Backofen vorheizen auf 160 °C Umluft (175 °C Ober-/Unterhitze). Springform mit Backpapier auslegen, Rand einfetten.
2. Butterkekse im Mixtopf **10 Sek./Stufe 6/mit MB** zerkleinern.
3. Butter und Zimt zugeben und **3 Min./60 °C/Stufe 2/ohne MB** mischen. Die Bröselmasse in die Springform schütten und mit dem Handrücken an Boden und Rand fest andrücken.
4. Restliche Zutaten in den Mixtopf geben und **5 Min./Stufe 3.5/mit MB** mixen.
5. Auf die Bröselunterlage gießen, glattstreichen und auf der mittleren Schiene im Backofen 60 Min. backen. Bevor der Kuchen zu dunkel wird, mit Alufolie abdecken. Auf einem Gitter auskühlen lassen.
6. Mit etwas Puderzucker bestreut servieren.

# Apfelkuchen

**Für 12 Stücke**
**Zubereitung: 10 Min.**
**Rührdauer: 10 Min.**
**Backen: 40 Min.**

**Für den Kuchen:**

300 g Mehl
1 Pk. Backpulver
500 g säuerliche Äpfel, geschält und entkernt (mit Schale gewogen 800 g)
6 Eier, Gr. M
200 g Zucker

**Für den Guss:**

50 g Zucker
200 g Mandeln, gehobelt
50 g Milch
150 g Butter
½ TL Zimt, optional

1. Backofen vorheizen auf 160 °C Umluft (180 °C Ober-/Unterhitze), ein tiefes Backblech mit Backpapier auslegen.
2. Mehl und Backpulver im Mixtopf **30 Sek./Stufe 4/mit MB** mischen, umfüllen.
3. Äpfel in Stücke schneiden und in zwei Portionen im Mixtopf **2 Sek./Stufe 6/mit MB** zerkleinern, umschütten.
4. Rühraufsatz einstecken, Eier und Zucker im Mixtopf **3 Min./Stufe 3.5/mit MB** rühren.
5. Rühraufsatz entfernen, Hälfte der Mehlmischung zufügen **2 Min./Stufe 3/ohne MB** mischen, dabei das restliche Mehl hineinlöffeln.
6. Den Teig auf dem Backblech mit einem Teigspatel glattstreichen.
7. Den Saft, der sich bei den Äpfeln zwischenzeitlich gesammelt hat, abschütten (schmeckt sehr lecker!) und die Apfelstücke gleichmäßig auf dem Teig verteilen.
8. Im Backofen auf der mittleren Schiene 20 Min. vorbacken.
9. In der Zwischenzeit im Mixtopf die Zutaten für den Guss **4 Min./Linkslauf/80 °C/Stufe 2/ohne MB** erhitzen. Den Guss auf den Kuchen streichen und weitere 18–20 Min. fertigbacken.
10. Auf einem Kuchengitter auskühlen lassen.

# Saftiger Nusskuchen

**Für 12 Stücke**
**Zubereitung: 10 Min.**
**Rührdauer: 10 Min.**
**Backen: 60–70 Min.**

**Für den Kuchen:**

200 g Haselnüsse, ganz
200 g Mandeln, ganz
(oder 400 g Haselnüsse)
2 EL Semmelbrösel
1 Pk. Backpulver
200 g Zucker
1 Pk. Vanillezucker (oder 1 TL)
6 Eier, Gr. M
Königskuchenform, 30 cm

**Für die Glasur:**

200 g Vollmilchschokolade
100 g Zartbitterschokolade
1 EL Kokosöl
1 TL gehobelte Mandeln, optional

1. Backofen vorheizen auf 175 °C Umluft (190 °C Ober-/Unterhitze).
2. Haselnüsse und Mandeln im Mixtopf **10 Sek./Stufe 10/mit MB** zerkleinern, spateln. Semmelbrösel und Backpulver zugeben, **20 Sek./Stufe 3/mit MB** mischen, umfüllen.
3. Zucker, Vanillezucker und Eier im Mixtopf **2 Min./Stufe 4/mit MB** cremig rühren.
4. Danach etwa 1/3 der Nussmischung zugeben und **2 Min./Stufe 3/ohne MB** unterrühren, dabei die restliche Nussmischung langsam durch die Deckelöffnung hineinlöffeln.
5. Ein Blatt Backpapier anfeuchten, auswringen und die Königskuchenform damit möglichst faltenfrei auslegen. Den Teig einfüllen, glattstreichen.
6. Im Backofen auf der mittleren Schiene 60–70 Min. backen (Stäbchenprobe). Kuchen herausnehmen, etwas abkühlen lassen, dann aus der Form nehmen, Backpapier vorsichtig abziehen.
7. Für die Glasur Schokolade in Stücke brechen, in den Mixtopf geben und **10 Sek./Stufe 8/mit MB** mahlen.
8. Kokosöl zufügen und alles **4 Min./40 °C/Stufe 2/ohne MB** schmelzen.
9. Mit einem Küchenpinsel durchrühren, dann den Kuchen dick damit einstreichen.
10. Wer mag, bestreut ihn dann noch mit den gehobelten Mandeln.

# Zitronen-Heidelbeer-Kuchen

**Für 12 Stücke**
**Zubereitung: 10 Min.**
**Rührdauer: 10 Min.**
**Backen: 35–40 Min.**

150 g Heidelbeeren
Butter zum Einfetten
Semmelbrösel für die Form
300 g Mehl
100 g Speisestärke
1 Pk. Backpulver
1 Prise Salz
350 g Butter, zimmerwarm
250 g Zucker
5 Eier, Gr. M
1 Bio-Zitrone
¾ MB Limoncello (oder Zitronensaft)

1. Backofen vorheizen auf 160 °C Umluft (170 °C Ober-/Unterhitze).
2. Heidelbeeren verlesen, waschen, trocken schütteln oder mit einem Küchentuch abtupfen.
3. Eine Kuchenform (nach Belieben Königskuchen, Gugelhupf oder Springform) gründlich einfetten und mit Semmelbröseln ausstreuen.
4. Mehl mit Stärke, Backpulver und Salz in den Mixtopf geben und **1 Min./Stufe 4/mit MB** mischen, umfüllen.
5. Rühraufsatz einstecken. Butter, Zucker und Eier im Mixtopf **5 Min./Stufe 3.5/mit MB** schaumig schlagen.
6. Zitrone heiß abwaschen, trocknen, Schale mit einer Reibe abziehen und zugeben, Saft auspressen und 2 EL davon ebenfalls zufügen.
7. Hälfte der Mehlmischung zufügen, **2 Min./Stufe 3/ohne MB** rühren, dabei die restliche Mehlmischung durch die Deckelöffnung hineinlöffeln und den Limoncello bzw. den Zitronensaft zuschütten.
8. Die Heidelbeeren zugeben, mit dem Spatel vorsichtig unterziehen.
9. Teig in die vorbereitete Kuchenform umfüllen, glattstreichen und auf der zweiten Schiene von unten backen. Stäbchenprobe nehmen, Kuchen 5 Min. abkühlen lassen, dann aus der Form nehmen.

# Fruchtstriezel

**Für 2 Striezel mit je 8 Portionen**
**Zubereitung: 15 Min.**
**Rührdauer: 7 Min.**
**Gehen: ca. 70 Min.**
**Backen: 30 Min. + Nachziehen 5 Min.**

500 g Dinkelmehl, Type 630
1 Prise Salz
90 g Zucker
2 MB Vollmilch
1 Pk. Trockenhefe (z. B. von Seitenbacher)
2 Eier, Gr. L
100 g weiche Butter
100 g Zitronat
300 g Konfitüre, nach Belieben (am besten kernlos)
1 Eigelb, Gr. L
1 EL Wasser

1. Mehl, Salz und 50 g Zucker im Mixtopf **45 Sek./Stufe 4/mit MB** mischen, umfüllen.
2. Restlichen Zucker, Milch und Hefe im Mixtopf **10 Sek./Stufe 4/mit MB** mischen, dann **3 Min./37 °C/Stufe 1/ohne MB** erwärmen. Im Mixtopf **10 Min. ohne MB** gehen lassen.
3. Mehlmischung, 2 Eier und Butter zugeben, **3 Min./Teigstufe/ohne MB** kneten, während der letzten Minute das Zitronat zufügen.
4. Den Teig dann in eine geölte Schüssel umschütten, etwas Mehl darauf streuen und abgedeckt etwa 1 Std. lang an einem warmen Platz gehen lassen, bis er sich deutlich vergrößert hat.
5. Ein Backblech mit Backpapier belegen.
6. Eine Arbeitsfläche bemehlen, den Teig darauf kippen, in zwei Hälften schneiden.
7. Jeweils zu einem etwa 50 x 20 cm großen Rechteck auswalzen.
8. Jeweils mit der Hälfte der Konfitüre bestreichen, dabei auf allen Seiten einen Rand von 3–4 cm lassen.
9. Von der Längsseite her vorsichtig aufrollen, mit einem scharfen Messer längs in zwei Stränge schneiden, an einer Seite aber die letzten 4 cm ganz lassen. Auf das Backblech setzen und die beiden Stränge zu einem Striezel verflechten. Mit dem restlichen Teig genauso verfahren, sodass zwei Striezel nebeneinander auf dem Backblech liegen. Abgedeckt ruhen lassen.
10. Backofen vorheizen auf 170 °C Umluft (185 °C Ober-/Unterhitze).
11. Wenn der Ofen heiß ist, das Eigelb mit dem Wasser verquirlen und die beiden Teiglinge damit einstreichen. Die Striezel auf der zweiten Schiene von unten in den Ofen schieben.
12. 10 Min. backen, dann mit Backpapier abdecken und Hitze auf 160 °C reduzieren.
13. Weitere 20 Min. backen, dann Ofen ausschalten, Backpapier entfernen und 5 Min. bei geschlossenem Ofen nachziehen lassen.
14. Striezel herausnehmen, nach dem Abkühlen in Stücke schneiden.

# Windbeutel mit Sahne und Erdbeeren

**Für 8 Stück (4 Portionen)**
**Zubereitung: 15 Min.**
**Rührdauer: 10 Min.**

160 g Mehl
1 Msp. Backpulver
250 g Milch
1 Prise Salz
30 g Orangenzucker
60 g Butter, in Stücken
4 Eier, Gr. M
2 Becher Schlagsahne und 2 TL Vanillezucker
oder 1 Kartusche Sprühsahne
250 g Erdbeeren
Puderzucker zum Bestreuen

Brandteig klebt recht hartnäckig am Mixtopf fest, daher zum Reinigen ½ MB 80%igen Essig in den mit 0,7 l Wasser gefüllten Mixtopf geben und **15 Min/85 °C/Stufe 3/mit MB** erhitzen. Zwischendurch zwischen Rechts- und Linkslauf mehrmals wechseln. Dann mit einer Bürste nachbearbeiten, so bekommt man den Belag schnell weg (Vorsicht vor der Säure!).

1. Mehl mit Backpulver im Mixtopf **45 Sek./Stufe 4/mit MB** mischen, umfüllen.
2. Milch, Salz, Orangenzucker und Butter **5 Min./100 °C/Stufe 0.5/ohne MB** aufkochen.
3. Mehlmischung zuschütten, **1 Min./Stufe 4/mit MB** »abbrennen«. Mixtopf aus dem Thermomix® nehmen und 15 Min. abkühlen lassen.
4. In der Zwischenzeit den Backofen vorheizen auf 180 °C Umluft (195 °C Ober-/Unterhitze).
5. Ein Backblech mit Backpapier belegen.
6. Auf die unterste Schiene eine mit Wasser gefüllte Backpfanne schieben, die für Feuchtigkeit sorgt.
7. Mixtopf wieder einsetzen und **3 Min/Stufe 4.5/ohne MB** rühren, dabei einzeln nacheinander die Eier zugeben. Danach nochmals **30 Sek./Stufe 5/mit MB** mixen.
8. Den Teig in einen Spritzbeutel füllen und auf das Backblech acht gleichgroße Tupfen spritzen (Abstand halten).
9. Auf mittlerer Schiene im Backofen 30–40 Min. goldbraun durchbacken.
10. Wer selbst Sahne schlagen will, legt sie für die nächsten 10–15 Min. in den Gefrierschrank.
11. Erdbeeren waschen, trocken schütteln, putzen und in Stücke schneiden.
12. Die Windbeutel auf einem Gitter etwas abkühlen lassen, dann quer mit einem scharfen Sägemesser halbieren. Wieder zusammengesetzt ganz auskühlen lassen.
13. Die gekühlte Sahne im gespülten und trockenen Mixtopf auf **Stufe 3/ohne MB** auf Sicht steif schlagen, dabei den Vanillezucker hineinrieseln lassen.
14. Die Windbeutel mit der frisch geschlagenen Sahne (oder der Sprühsahne) und den Erdbeeren füllen, Deckel wieder aufsetzen.
15. Mit Puderzucker bestreuen und sofort servieren.

# Schoko-Gugelhupf aus dem Varoma

**Für 12 Stücke**
**Zubereitung: 10 Min.**
**Rührdauer: 68 Min.**

200 g Mehl, Type 405
1 TL Vanillezucker
½ Pk. Backpulver
40 g DIY-Kakaopulver
125 g weiche Butter
100 g Zucker
3 Eier, Gr. M
150 g Milch
Butter und Semmelbrösel für die Form
1000 g Wasser
20 g Puderzucker zum Bestäuben
1 Gugelhupfform, 20 cm
Hitzefeste Frischhaltefolie

1. Mehl, Vanillezucker, Backpulver und DIY-Kakaopulver im Mixtopf **30 Sek./ Stufe 4/mit MB** mischen, umfüllen.
2. Rühraufsatz in den Mixtopf einsetzen. Butter, Zucker und Eier **4 Min./ Stufe 4/ohne MB** aufschlagen.
3. Rühraufsatz entfernen. Mehlmischung und Milch zugeben, den Teig **3 Min./Stufe 4/mit MB** mischen.
4. In der Zwischenzeit die Gugelhupfform gründlich einfetten und mit Semmelbröseln bestreuen, sodass alle Seiten damit ausgekleidet sind.
5. Den Teig einfüllen und mit der Frischhaltefolie gut einwickeln. In den Varoma stellen.
6. Wasser in den Mixtopf einfüllen, Varoma aufsetzen, **60 Min./Varoma/ Stufe 1.5** garen.
7. Guglhupf herausnehmen (Handschuhe, extrem heiß!), Frischhaltefolie aufschneiden (heißer Dampf tritt aus!) und die Form auswickeln. 10 Min. auskühlen lassen, dann den Kuchen auf eine Form stürzen.
8. Ausgekühlt mit Puderzucker bestäuben.

# Erdnuss-Heidelbeer-Brownies

**Für ca. 10 Stück**
**Zubereitung: 10 Min.**
**Rührdauer: 11 Min.**
**Backen: 24–28 Min.**

- 80 g Mehl
- 1 TL Backpulver
- 80 g Kakaopulver, entölt
- 200 g brauner Zucker
- 5 Eier, Gr. M, oder 4 Eier, Gr. L
- 1 TL Vanillezucker
- 1 Prise Salz
- 110 g Erdnussöl
- 100 g Erdnüsse (nach Belieben geröstet und/oder gesalzen oder natur)
- 100 g Heidelbeeren, gewaschen und verlesen

1. Backofen vorheizen auf 160 °C Umluft (Ober-/Unterhitze 180 °C).
2. Eine tiefe Backform (ca. 20 x 20 cm oder 15 x 25 cm) mit angefeuchtetem und ausgedrücktem Backpapier auslegen.
3. Mehl, Backpulver und Kakao in den Mixtopf geben und **30 Sek./Stufe 4/mit MB** mischen, umschütten.
4. Rühraufsatz einstecken. Zucker, Eier, Vanillezucker und Salz **9 Min./Stufe 3.5/mit MB** schaumig schlagen. Nach 8 Min. das Erdnussöl langsam durch die Deckelöffnung zugießen.
5. Rühraufsatz entfernen.
6. Mehlmischung und die Erdnüsse zufügen und **1 Min./Stufe 2/mithilfe des Spatels** vermengen.
7. Die Masse in die Backform geben, mit dem Spatel glattstreichen, mit den Heidelbeeren bestreuen.
8. Im Backofen auf der mittleren Schiene backen, abkühlen lassen und in gleichgroße Stücke schneiden.

# DESSERTS

# Erdbeerragout mit Orangenlikör

**Für 2–3 Portionen**
**Zubereitung: 5 Min.**
**Rührdauer: 1 Min.**

500 g Erdbeeren
20 g Puderzucker
½ MB Orangenlikör (alternativ Limoncello; wenn Kinder mitessen, stattdessen Orangensaft verwenden)
Einige Zitronenzesten

1. Die Erdbeeren waschen, Stielansätze entfernen. 300 g in Stücke schneiden, den Rest in den Mixtopf geben.
2. Puderzucker und Orangenlikör bzw. Orangensaft zufügen und **15 Sek./Stufe 6/mit MB** mixen. Die Erdbeerstücke zugeben, **10 Sek./Stufe 1/Linkslauf/ohne MB** mischen, in Dessertschälchen umfüllen.
3. Mit den Zesten bestreut servieren.

Schmeckt besonders gut mit Eierlikörsahne, zum Sauerrahmeis (Rezept S. 106) oder Vanillepudding.

# Vanille-Sahnepudding

**Für 4 Portionen**
**Zubereitung: 2 Min.**
**Rührdauer: 7 Min.**

400 g Vollmilch
150 g Schlagsahne
40–50 g Zucker (nach Geschmack)
3 Eigelb, Gr. M
25 g Speisestärke
1 Prise Salz
Mark von 1 Vanilleschote (Vanilleschote anderweitig weiterverwenden)

Alle Zutaten in den Mixtopf geben und **7 Min./90 °C/Stufe 3/mit MB** rühren, fertig!

Für einen dickeren Pudding 30 g Stärke verwenden (es kommt auf den Hersteller an, welche Konsistenz der Pudding bekommt).

Wer mag, kocht noch etwas geriebene Bio-Zitronen- oder Orangenschale mit. Statt Zucker kann man auch 60–70 g Honig verwenden.

Der Pudding schmeckt pur schon sehr gut, aber mit einer Begleitung aus frischen Beeren und Orangenzesten wird ein leckeres Dessert daraus …

# Mangocreme nach kapverdischer Art

**Für 2 Portionen à 100 g**
**Zubereitung: 8 Min.**
**Rührdauer: 3 Min.**
**Kühlen: 1 Std.**

1 reife Mango
2 EL Zitronensaft plus etwas mehr zum Beträufeln
1 TL Vanillezucker
1 EL Zucker (20 g)
1 Pk. Sofortgelatine (für 500 ml Flüssigkeit)
200 g Schlagsahne

1. Die Mango schälen, Fruchtfleisch um den Kern herum abschneiden. 250 g davon in den Mixtopf wiegen, restliches Fruchtfleisch mit Zitronensaft beträufeln und zum Dekorieren der fertigen Creme beiseitestellen. Zitronensaft zufügen, **5 Sek./Stufe 5/mit MB** mixen, spateln (auch den Deckel) und wiederholen, umfüllen.
2. Mixtopf und Deckel kalt ausspülen.
3. Vanillezucker, Zucker und Sofortgelatine in einer Tasse vermischen.
4. Rühraufsatz einstecken, Schlagsahne zugeben und **2 Min./Stufe 3.5/ohne MB** aufschlagen (zum Anlaufen erst MB aufsetzen). Nach etwa 30 Sek. den Gelatine-Zucker löffelweise durch die Deckelöffnung einrieseln lassen, danach das Mangopüree hineinlöffeln.
5. Mit dem Spatel durchrühren und in Gläser füllen. Im Kühlschrank 30–40 Min. anziehen lassen.
6. Restliches Mangofleisch in Stücke schneiden und auf die Gläser verteilen, servieren.

# Lieblingsjoghurt mit Passionsfrucht und Krokant

**Für 2 Portionen**
**Zubereitung: 5 Min.**
**Rührdauer: 1 Min.**
**Kühldauer: 2–3 Std.**

2 Passionsfrüchte
400 g griechischer Joghurt oder Sahnejoghurt, 10 % Fett
1 Pk. Vanillezucker
2 EL Orangenlikör (alternativ Eierlikör)
4 TL brauner Rohrohrzucker
4 TL Haselnusskrokant

1. Passionsfrüchte halbieren und das Fruchtmark herauskratzen.
2. Bis auf einen kleinen Rest für das Topping mit dem Joghurt, Vanillezucker sowie dem Orangenlikör im Mixtopf **20 Sek./Stufe 2.5/Linkslauf/mit MB** rühren.
3. Rohrohrzucker mit dem Krokant in einer Tasse vermischen.
4. Zwei Gläser abwechselnd mit der Joghurtcreme und dem Zucker-Krokant füllen, beginnend mit der Zuckermischung. Mit dem restlichen Passionsfruchtmark toppen und in den Kühlschrank stellen. Die Feuchtigkeit des Joghurts lässt den Zucker nun karamellartig »schmelzen«. Dann kann das Dessert serviert werden.

# Himbeerbaiser-Dessert

**Für 4 Portionen**
**Zubereitung: 15 Min.**
**Rührdauer: ca. 10 Min.**
**Backen: 60 Min.**
**Nachziehen: 20 Min.**

- 250 g Zucker
- 200 g Eiweiß (aus 5–6 Eiern)
- 1 Prise Salz
- 1 geh. EL Speisestärke
- 1 TL Zitronensaft
- 500 g Schlagsahne
- 200 g Himbeeren, verlesen
- 6 EL Eierlikör

1. Backofen vorheizen auf 150 °C Umluft (165 °C Ober-/Unterhitze), ein Backblech mit Backpapier auslegen.
2. Zucker im Mixtopf **10 Sek./Stufe 10/mit MB** mahlen, umschütten.
3. Eiweiß und Salz in den Mixtopf geben und Rühraufsatz einsetzen, **3 Min./Stufe 3.5/mit MB** schlagen, bis der Eischnee fest ist.
4. Stärke mit 2 EL vom Puderzucker in einer Tasse vermischen.
5. Mixtopf **3 Min./Stufe 3.5/ohne MB** weiterlaufen lassen und den restlichen Puderzucker hineinlöffeln. Während der letzten Minute die Puderzucker-Stärke-Mischung zugeben, dann den Zitronensaft.
6. Rühraufsatz entfernen. Mit einem Esslöffel einen runden Klecks auf dem Backblech verstreichen, ca. 2 cm dick. Im Backofen auf der zweiten Schiene von unten 20 Min. lang backen, dann die Hitze auf 120 °C (140 °C Ober-/Unterhitze) reduzieren und weitere 40 Min. trocknen. Dabei die Ofentür nicht öffnen, sonst fällt die Masse zusammen.
7. Im Ofen bei Restwärme 20 Min. nachziehen lassen, bis das Baiser abgekühlt ist.
8. Baiser aus dem Ofen nehmen und mit einem scharfen Messer vorsichtig vierteln.
9. Schlagsahne 10–15 Min. im Gefrierschrank vorkühlen.
10. Dann im sauberen Mixtopf auf Stufe 3 ohne Zeitbegrenzung auf Sicht steif schlagen.
11. Auf den Baiserstücken verteilen, darauf die Himbeeren setzen und mit Eierlikör beträufeln.

Zur Erinnerung: Der Mixtopf muss zum Schlagen von Eischnee absolut fettfrei sein!

# Kardamomcreme mit Kaki-Gin-Ragout

**Für 4 Portionen**
**Zubereitung: 10 Min.**
**Kühldauer: 3 Std.**

**Für die Creme:**
1 Pk. Vanillepudding
50 g Zucker
1 TL Vanillezucker
4 Kardamomkapseln
300 ml Milch
200 ml Schlagsahne

**Für das Ragout:**
2 Kakis, ca. 350 g
20 g Zitronensaft
20 g Orangensaft (am besten frisch gepresst)
½ MB Gin
20 g Zucker
1 Msp. Ingwerpulver
2 TL Speisestärke
¼ MB Wasser

1. Trockene Zutaten und Kardamom im Mixtopf **30 Sek./Stufe 10/mit MB** pulverisieren. Mit einem Küchenpinsel alles nach unten streichen.
2. **8 Min./120 °C/Stufe 2.5/ohne MB** rühren, dabei die Milch und die Sahne durch die Deckelöffnung zugießen (evtl. kurz auf Stufe 4 hochdrehen, damit sich alles gut verbindet).
3. Auf vier Gläser verteilen und beiseitestellen.
4. Kakis schälen und in kleine Würfel schneiden. Mit dem Zitronen- und Orangensaft, dem Gin, Zucker und Ingwerpulver im Mixtopf **6 Min./120 °C/Sanftrührstufe/Linkslauf/ohne MB** kochen.
5. Stärke mit dem Wasser im Messbecher anrühren und durch die Deckelöffnung hineinschütten, nochmals **40 Sek./100 °C/Stufe 0,5/Linkslauf/ohne MB** aufkochen.
6. In die Gläser auf die Kardamomcreme verteilen und am besten 3 Std. oder über Nacht kühl stellen.

# Amarena-Spekulatius-Schichtdessert

**Für 4 Portionen**
**Zubereitung: 10 Min.**
**Rührdauer: 45 Sek.**
**Kühlzeit: 1–2 Std. (wird das Dessert über Nacht gekühlt, weichen die Kekse durch)**

100 g Spekulatius (alternativ Schokoladen- oder Zimtkekse)
½ Glas (460 g) Amarenakirschen mit Sirup
60 g Zitronenzucker (s. Basics S. 12)
300 g griechischer Sahnejoghurt
250 g Mascarpone
2 Pk. Vanillezucker

Wer etwas »Wumms« im Dessert haben möchte, verrührt 4 TL Kirschwasser mit dem Sirup.

1. Die Spekulatius in einer Schüssel grob zerkrümeln. In vier Gläser jeweils 20 g verteilen, sodass ein Rest übrigbleibt. In jedes Glas zwei Amarenakirschen geben.
2. Zitronenzucker, Joghurt, Mascarpone und Vanillezucker im Mixtopf **45 Sek./Stufe 2.5/mit MB** glattrühren. Locker in die Gläser füllen.
3. Amarenakirschen bis auf vier Stück hinzugeben, die Spekulatiuskrümel darauf streuen, mit je einer Kirsche belegen.
4. Den Sirup darüber träufeln. Möglichst 1–2 Std. kaltstellen, dann servieren.

# Crème brûlée

**Für 4–5 Portionen (je nach Größe der Formen)**
**Zubereitung: 5 Min.**
**Rührdauer: 31 Min.**
**Kühlzeit: ca. 6 Std. oder über Nacht**

- 300 g Schlagsahne
- 50 g Vollmilch
- 3 Eier, Gr. L
- 60 g Zucker
- 2 TL Vanillezucker
- 1 Prise Schalenabrieb von einer Bio-Zitrone
- 1000 g Wasser
- 4–5 TL brauner Zucker zum Abflammen
- 4–5 hitzebeständige Förmchen, die in den Varoma passen
- 1 Handgasbrenner zum Abflammen (Salamander)

1. Alle Zutaten bis auf das Wasser in den Mixtopf geben und **30 Sek./Stufe 3/mit MB** mischen.
2. Das Gemisch in die Förmchen füllen.
3. Jedes mit hitzebeständiger Frischhaltefolie verschließen und in den Varoma setzen.
4. Wasser in den Mixtopf wiegen, Varoma aufsetzen, verschließen und **30 Min./Varoma/Stufe 1** kochen.
5. Förmchen aus dem Varoma nehmen (Vorsicht, sehr heiß!), Kondenswasser von den Förmchen abtrocknen und herausnehmen.
6. Wenn sie etwas abgekühlt sind, im Kühlschrank 5 Std. ruhen lassen.
7. Zucker darauf verteilen und mit dem Gasbrenner kurz abflammen, bis sich eine Kruste bildet, dann ist die Crème brûlée servierbereit.

# Kirschgrütze

**Für 4 Portionen**
**Auftauen: 1–2 Std.**
**Zubereitung: 5 Min.**
**Rührdauer: 6 Min.**

750 g Sauerkirschen, TK, gefroren
120 g Zucker
1 Pk. Vanillezucker
30 g Speisestärke (2 gestr. EL)
Schalenabrieb von ⅓ Bio-Zitrone
½ MB Sherry

Wer mag, kocht 1 Prise kleingehackten Rosmarin mit und garniert mit Zitronenschale.

Dazu schmeckt hervorragend die Vanillesoße (s. S. 72) oder klassisch etwas geschlagene Sahne.

1. Kirschen mit dem Zucker und dem Vanillezucker in eine Schüssel geben, gut durchmischen und 1–2 Std. auftauen lassen. Zwischendurch öfters umrühren.
2. Die Kirschen durchsieben, die Flüssigkeit auffangen.
3. Die Stärke mit etwas von dem Saft in einer Tasse glattrühren.
4. Restlichen Kirschsaft mit dem Schalenabrieb und dem Sherry im Mixtopf **5 Min./100 °C/Stufe 2/ohne MB** kochen. Sobald die Flüssigkeit kocht, die angerührte Stärke durch die Deckelöffnung zugeben.
5. Die Sauerkirschen zugeben und **25 Sek./Linkslauf/Stufe 0.5/ohne MB** mischen.
6. In Dessertschalen füllen und abkühlen lassen.

# Weißwein-Fruchtsülze mit Holunderaroma

**Für 6 Portionen**
**Zubereitung: 15 Min.**
**Rührdauer: 5 Min.**
**Einweichen: 10 Min.**
**Erstarren: 4–5 Std.**

500 g frische Früchte, klein gewürfelt z. B. Himbeeren, Kiwi, Apfel, Pfirsich, Johannisbeeren
2 EL Zitronensaft
8 Blatt Gelatine
400 ml Weißwein
1 MB Holunderblütensirup

1. Eine flache Form (oder eine Kastenbackform) mit kaltem Wasser ausspülen.
2. Die geschnittenen Früchte hineingeben. Mit dem Zitronensaft beträufeln.
3. Gelatine in kaltem Wasser einweichen.
4. Hälfte vom Weißwein im Mixtopf mit dem Holunderblütensirup **3 Min./70 °C/Stufe 1/ohne MB** erhitzen.
5. Die Gelatine zugeben und **1 Min./Stufe 3/mit MB** auflösen.
6. Restlichen Weißwein zugeben und **20 Sek./Stufe 3/mit MB** mischen.
7. Über die Früchte gießen, sodass alles etwa ½–1 cm bedeckt ist (überstehende Früchte entfernen).
8. Im Kühlschrank fest werden lassen. Zum Servieren die Ränder mit einem spitzen Messer leicht lösen, dann aus der Form auf einen Teller stürzen und mit einem scharfen Messer vorsichtig in Portionen bzw. Scheiben schneiden (wenn sich die Sülze nicht gut stürzen lässt, die Form erst ganz kurz in heißes Wasser tauchen).
9. Schmeckt sehr gut mit Vanille- oder Karamellsoße oder Eierlikörsahne.

Für eine rötliche Sülze mit roten Früchten (Johannisbeeren, Kirschen, Himbeeren, Erdbeeren) einen Roséwein verwenden oder den Weißwein mit etwas Rotwein einfärben.

Wenn Saison ist, machen sich 1 TL abgezupfte frische Holunderblüten, die man unter die Früchte mischt, sehr dekorativ in der Sülze.

Für eine kindergeeignete Sülze klaren Apfelsaft verwenden.

# Englischer Zitronen-Orangen-Pudding aus dem Varoma

**Für 4 Portionen**
**Zubereitung: 10 Min.**
**Rührdauer: 94 Min.**

150 g Zucker
Schalenabrieb von 1 Bio-Zitrone
180 g Butter, in Stücken
3 Eier, Gr. L
130 g Orangenmarmelade (leicht bitter)
3 EL Zitronensaft
100 g Weizenmehl
Butter zum Einfetten
1000 g Wasser
1 hitzefeste runde Schüssel, die in den Varoma passt (aus Keramik oder Edelstahl)

1. Zucker und Zitronenschale in einer Schüssel gut mischen.
2. Butter im Mixtopf **2 Min./60 °C/Stufe 2/ohne MB** schmelzen.
3. Zitronenzucker und Eier zufügen, **4.30 Min./Stufe 4/mit MB** schlagen.
4. Marmelade mit dem Zitronensaft in einer Tasse verrühren und zufügen.
5. Mehl ebenfalls in den Mixtopf schütten, **2 Min./Stufe 4/mit MB** verrühren.
6. Hitzefeste Schüssel gründlich einfetten, die Puddingmasse hineingießen, mit Alufolie rundherum verschließen und in den Varoma stellen. Wasser in den Mixtopf wiegen, Varoma aufsetzen und **85 Min./Varoma/Stufe 1** garen.
7. Deckel abnehmen, gesammeltes Wasser von der Alufolie wischen, Pudding herausnehmen und abkühlen lassen. Erst abgekühlt auf einen Teller stürzen. Wer mag, bestreut ihn noch mit etwas Puderzucker und dekoriert mit ein paar Zitronenscheiben.

Man kann den Pudding auch in kleineren Portionsförmchen garen, dann verringert sich die Zeit im Varoma um ca. 20 Min.

# Avocado-Schokocreme

**Für 2 Portionen**
**Zubereitung: 5 Min.**
**Rührdauer: 1 Min.**
**Kühlen: 1 Std., nach Belieben**

2 Avocado
60 g Kakaopulver, entölt
1 TL Zimtpulver
80–100 g Honig oder Agavendicksaft (nach Geschmack)
1 MB Milch
Minze zum Dekorieren, optional

1. Avocados halbieren, Kern entfernen, Fruchtfleisch herauskratzen und in den Mixtopf geben.
2. Kakaopulver, Zimt, Honig (bzw. Agavendicksaft) und Milch zufügen und **5 Sek./Stufe 5/mit MB** zerkleinern, spateln (auch den Deckel) und wiederholen, bis die Masse schön feincremig ist.
3. In Gläser füllen und entweder sofort, mit der Minze dekoriert, servieren oder noch 1 Std. in den Kühlschrank stellen (aber nicht über Nacht, die Creme wird sonst unschön).

# Portwein-Sabayon

**Für 3 Portionen**
**Zubereitung: 3 Min.**
**Rührdauer: 11 Min.**

60 g Zucker
1 TL Vanillezucker
6 Eigelb, Gr. M
90 g Portwein

Schmeckt sehr gut auch mit Erdbeerragout (S. 52) oder aufgeschnittenen Früchten.

1. Zucker und Vanillezucker im Mixtopf **8 Sek./Stufe 10/mit MB** mahlen, mit einem Pinsel hinunterstreichen.
2. Eigelbe zugeben, **7 Min./70 °C/Stufe 3.5/mit MB** aufschlagen.
3. **4 Min./70 °C/Stufe 3/ohne MB** weiterrühren, dabei löffelweise langsam den Portwein durch die Deckelöffnung zugeben.
4. Auf drei Gläser verteilen, am besten noch warm genießen.

# Waffeln

**Für ca. 8 Stück (je nach Waffeleisen)**
**Zubereitung: 8 Min.**
**Rührdauer: 9 Min.**
**Ruhen: 10 Min.**
**Ausbacken: ca. 40–50 Min.**

200 g Mehl
1 TL Backpulver
100 g Butter, weich
100 g Zucker
Vanillezucker
1 Prise Salz
4 Eier, Gr. M
1 MB Schlagsahne
Butter oder Pflanzenöl zum Ausbacken
Puderzucker zum Bestäuben
Waffeleisen

1. Mehl und Backpulver im Mixtopf **45 Sek./Stufe 4/mit MB** mischen, umfüllen.
2. Butter, Zucker, Vanillezucker und Salz im Mixtopf **2 Min./Stufe 4/ohne MB** rühren.
3. Eier zugeben und **3 Min./Stufe 4/mit MB** mixen.
4. Mixtopf **3 Min./Stufe 3/ohne MB** rühren lassen, dabei abwechselnd löffelweise die Mehlmischung und die Schlagsahne zugeben. Den Teig 10 Min. lang ruhen lassen.
5. Das Waffeleisen anheizen, einfetten und portionsweise Waffeln ausbacken.
6. Jede mit Puderzucker bestäuben und warm servieren.

Noch heiß mit Kompott, Konfitüre, frischen Früchten, Sahne oder einer Dessertsoße (ab S. 71) servieren.

# Mandel-Honig-Sulz

**Für 4 Portionen**
**Zubereitung: 3 Min.**
**Rührdauer: 13 Min**
**Erstarren: 4–6 Std.**

6 Blatt Gelatine
100 g Mandeln, weiß
2 ½ MB Vollmilch oder Mandeldrink
2 MB Schlagsahne
1 Prise Salz
80 g Honig
½ MB Amaretto (oder Orangenlikör)

Lässt sich auch mit Haselnüssen, Macadamia- oder Cashewnüssen zubereiten.

1. Gelatine in kaltem Wasser 10 Min. lang einweichen.
2. Mandeln im Mixtopf **9 Sek./Stufe 10/mit MB** mahlen. Milch zugeben, und **10 Min./90 °C/Stufe 2/ohne MB** erhitzen. Schlagsahne, Salz, Honig und Likör zugeben und **1 Min./Stufe 3/ohne MB** mischen.
3. Gelatine ausdrücken und darin auflösen: **1 Min./Stufe 3/ohne MB** rühren.
4. Vier Puddingformen oder Dessertschüsseln von ca. 150 ml Volumen mit kaltem Wasser ausspülen, die Mandelsulz darin verteilen. Etwas abkühlen lassen, dann zum Erstarren 4–6 Std. in den Kühlschrank stellen.
5. Wer mag, stürzt den Pudding dann auf einen Teller.
6. Dazu schmecken auch frische Früchte wie z. B. Orangenfilets oder ein Fruchtragout.

# FEINE DESSERTSOSSEN

# Vanillesoße

**Für 500 ml**
**Zubereitung: 1 Min.**
**Rührdauer: 14 Min.**

5 Eier, Gr. M
50 g Zucker
20 g Vanillezucker
400 g Vollmilch

1. Rühraufsatz einstecken. Eier, Zucker und Vanillezucker im Mixtopf **2 Min./ Stufe 3.5/mit MB** rühren.
2. Milch einwiegen und alles **12 Min/70 °C/Stufe 2.5/mit MB** eindicken. Nach Geschmack nachsüßen.
3. Umschütten und noch warm oder abgekühlt verwenden. Nicht länger als 2 Tage im Kühlschrank aufbewahren.

Wenn die schwarzen Vanillestückchen stören, filtert man die Soße nach dem Erhitzen durch ein sehr feines Sieb.

# Karamellsoße Muh-Muh-Art

**Für 350 g (Schraubglas mit ca. 250 ml)**
**Zubereitung: 3 Min.**
**Rührdauer: 7 Min.**
**Abkühlen: 1 Std.**

17 Stück Muh-Muhs Sahne-Weichkaramellen (200 g)
200 g Schlagsahne

1. Die Bonbons im Mixtopf **15 Sek./Stufe 10/mit MB** zerkleinern, spateln.
2. Schlagsahne zugeben und **6 Min./100 °C/Stufe 1.5/mit MB** kochen.
3. In eine hitzebeständige Schüssel umschütten und abkühlen lassen (Achtung, sehr heiß!).
4. Während des Abkühlens setzen sich Zuckerkristalle ab, weshalb die Soße durch ein Sieb gefiltert wird. Entweder sofort verbrauchen oder in ein Schraubglas abfüllen und kühl lagern.

Hält sich gut 2 Wochen.

Diese Soße wird recht dick, vor allem wenn sie abgekühlt ist. Wer sie etwas dünnflüssiger mag, verwendet 400 g Schlagsahne statt 200 g. Schmeckt zu fast allem einfach göttlich!

# Schokoladensoße

**Für 250 ml**
**Zubereitung: 2 Min.**
**Rührdauer: 13 Min.**

100 g weiße oder Vollmilch-Kuvertüre, in Stücken (vorgekühlt)
1 Vanilleschote
2 MB Sahne
1 MB Milch

1. Kuvertüre im Mixtopf **8 Sek./Stufe 8/mit MB** zerkleinern, umfüllen.
2. Mark aus der Vanilleschote kratzen und mit der Sahne im Mixtopf **10 Min./90 °C/Stufe 1/ohne MB** erhitzen.
3. Milch zugießen und die Kuvertüre zufügen, **2 Min./Stufe 2/mit MB** auflösen.
4. In eine Flasche füllen und innerhalb von 3 Tagen aufbrauchen oder noch warm zu einer Süßspeise reichen.

# Mohnsoße

**Für 6 Portionen (600 ml)**
**Zubereitung: 2 Min.**
**Rührdauer: 11 Min.**

40 g Mohnsamen
1 EL Vanillezucker
20 g Speisestärke
0,5 l Milch
2 EL Creme double
2 EL Blütenhonig

Schmeckt gut zu fruchtigen Desserts oder Kuchen.

1. Mohn und Vanillezucker im Mixtopf **30 Sek./Stufe 10/mit MB** mahlen, Speisestärke zugeben, mit dem Spatel nach unten schieben und mischen.
2. Milch zugeben, **7 Min./90 °C/Stufe 3/ohne MB** erhitzen.
3. Creme double zufügen, **10 Sek./Stufe 3/ohne MB** mischen.
4. Mit dem Honig nach Geschmack abschmecken.

# Eierlikörsahne

**Für 4–6 Portionen**
**Zubereitung: 1 Min.**
**Rührdauer: 5–6 Min.**
**Evtl. Vorkühlen: 1 Std.**

500 g Schlagsahne, kalt
2 Pk. Sahnesteif
1 TL Vanillezucker
40 g Puderzucker
50 g Eierlikör, kalt

Schmeckt lecker zu Fruchtdesserts aber auch als feines Topping auf Kaffee, Eiskaffee, Eisbecher oder heißem Kakao.

1. Entweder den (fettfreien!) Mixtopf 1 Std. im Gefrierschrank vorkühlen oder, wenn er nicht mehr hineinpassen sollte, einfach unmittelbar vor der Zubereitung eine Handvoll Eiswürfel hineingeben, **20 Sek./Stufe 10/mit MB** crushen, umschütten. Mit einem sauberen Tuch trocknen und weiter geht's …
2. Rühraufsatz einstecken. Die Schlagsahne zugeben und auf Sicht ca. **4–5 Min./Stufe 3.5/mit MB** (anfangs, dann wegnehmen) schlagen, bis sie eindickt.
3. Sahnesteif, Vanillezucker und Puderzucker durch die Deckelöffnung zugeben, Stufe 3.5 weiterrühren, bis die Sahne fest ist (wenn es nicht mehr nach »Blubbern« klingt, ist die Sahne fertig, je nach Temperatur, Fettgehalt und Hersteller; wer zu lange schlägt, erhält zwar leckere, aber hier nicht erwünschte Butter).
4. Nun den Eierlikör zugeben, dann **15 Sek./Stufe 2/ohne MB** untermischen.

# Kokos-Marzipan-Soße

**Für 600 ml**
**Zubereitung: 2 Min.**
**Rührdauer: 3 Min.**

2 EL Rohrzucker
1 TL Vanillezucker (möglichst »echter«)
150 g Rohmarzipan
400 ml Kokosmilch

1. Zucker und Vanillezucker im Mixtopf **8 Sek./Stufe 10/mit MB** mahlen.
2. Marzipan zugeben und **5 Sek./Stufe 6/mit MB** zerkleinern.
3. Kokosmilchdose gut durchschütteln, öffnen und zufügen, **2 Min./Stufe 8/mit MB** mixen.

Schmeckt sehr gut zu Fruchtsalat, Erdbeeren, Heidelbeeren, Apfel- und Birnenkompott, Waffeln oder zu Eis und Parfait.

Wer noch übrig gebliebenes Schokoladenmarzipan hat, kann hier auch gerne die Reste verwenden, lässt aber dafür den Zucker weg.

# Aprikosensoße

**Für 3 Flaschen oder Gläser mit 200 ml**
**Zubereitung: 10 Min.**
**Rührdauer: 16 Min.**

- 500 g Aprikosen, entsteint
- 250 g Zucker
- ½ MB Zitronensaft
- 1 MB Apfelsaft

Besonders lecker in Naturjoghurt sowie zu Mehlspeisen.

1. Die Früchte im Mixtopf **15 Sek./Stufe 10/mit MB** pürieren, spateln.
2. Zucker und Zitronensaft zugeben sowie den Apfelsaft und **15 Min./ 100 °C/Stufe 1.5/mit aufgesetztem Garkorb** kochen.
3. In der Zwischenzeit die Flaschen herrichten, sodass sie ganz sauber sind.
4. Am besten mittels eines hitzefesten Trichters die Soße einfüllen und sofort verschließen.
5. Kühl gelagert und verschlossen hält sich die Soße bis zu 6 Monate. Sie lässt sich aber auch gut in Gefrierbehältern einfrieren.

# Himbeerpüree mit Orangenlikör

**Für 2–4 Portionen**
**Zubereitung: 5 Min.**
**Rührdauer: 30 Sek.**

- 300 g Himbeeren, TK, gefroren
- 50 g Zucker
- 1 TL Vanillezucker
- 2 EL Limettensaft
- ½ MB Orangenlikör (für Kinder Orangensaft)

Schmeckt sehr gut zu cremigen Desserts und Mehlspeisen.

1. Alle Zutaten in einer Schüssel (oder auch gleich im Mixtopf, wenn er längere Zeit frei ist) mischen und auftauen lassen. Zwischendurch umrühren.
2. Im Mixtopf dann alles **30 Sek./Stufe 9/mit MB** fein pürieren. Die Masse durch ein Sieb streichen, so werden die Kerne entfernt. Sofort verbrauchen oder in einem Schraubglas nicht länger als 2 Tage im Kühlschrank aufbewahren.

# Zwetschgenröster

**Für 4–6 Portionen**
**Zubereitung: 10 Min.**
**Rührdauer: 15 Min.**

500 g Zwetschgen, entsteint und geviertelt (alternativ dunkle Pflaumen)
100 g brauner Rohrzucker
½ TL Zimtpulver
1 Msp. Nelkenpulver
1 Msp. Kardamompulver
1 Msp. Sternanis, gemahlen
1 Spritzer Zitronensaft
2/3 MB Rum (wenn Kinder mitessen, ersetzen durch Apfelsaft oder Wasser)

1. Alle Zutaten bis auf den Rum in den Mixtopf geben und **10 Min./100 °C/Linkslauf/Stufe 1.5/mit MB** kochen. Dann MB abnehmen und weitere **4 Min./100 °C/Linkslauf/Stufe 1.5/ohne MB** rühren.
2. Rum zugeben und **1 Min./Stufe 2/mit MB** mischen.
3. Wer den Röster ganz fein mag, mixt ihn **15 Sek./Stufe 9/mit MB** (unbedingt zum Schutz ein dickes Tuch darauflegen).
4. In eine Schüssel abfüllen und abgekühlt genießen oder noch heiß in zwei saubere Schraubgläser abfüllen und verschließen. Im Kühlschrank hält sich der Röster im Glas dann gut 2–3 Wochen.

# KLASSIKER: GÖTTLICHE MEHLSPEISEN

# Kaiserschmarren

**Für 4 Portionen**
**Zubereitung: 12 Min.**
**Rührdauer: 12 Min.**
**Ausbacken: 12–18 Min.**

100 g Sultaninen
1 MB Rum, Weinbrand oder Apfelsaft
60 g Zucker
1 TL Vanillezucker
6 Eier, Gr. M
100 g Mehl
2 MB Vollmilch
1 Prise Salz
2 EL Butter zum Ausbacken

Der Mixtopf, der Deckel, der Rühraufsatz und der Spatel müssen zum Schlagen vom Eischnee unbedingt absolut fettfrei sein! Beim Trennen darf kein Eigelb ins Eiweiß gelangen und die Eier müssen ganz frisch sein. Es hilft auch, den Mixtopf etwas vorzukühlen.

1. Die Sultaninen im Rum 1 Std. lang einweichen, durch ein Sieb abschütten und beiseitestellen.
2. Zucker und Vanillezucker im Mixtopf **9 Sek./Stufe 10/mit MB** zu Puderzucker mahlen, mit dem Küchenpinsel nach unten streichen, umfüllen.
3. Die Eier trennen, Eiweiße in ein sauberes, fettfreies Gefäß geben und in den Kühlschrank stellen.
4. Eigelbe und die Hälfte vom gemahlenen Zucker in den Mixtopf geben (muss nicht vorher gespült werden) und **4 Min./Stufe 4/mit MB** cremig schlagen.
5. Mehl und Milch abwechselnd nach und nach zum Eigelb geben, dabei den Mixtopf **3 Min./Stufe 2/mit MB** laufen lassen, dann in eine große Schüssel umfüllen. 20 Min. lang ruhen lassen.
6. Nach 20 Min. die Eiweiße mit dem Salz in den sauber gespülten Mixtopf geben (s. Anmerkung unten).
7. Rühraufsatz einstecken und **4 Min./Stufe 3.5/mit MB** zu Eischnee schlagen, evtl. zwischendurch den Eischnee mit dem Spatel hinunterschieben.
8. Eine große (am besten beschichtete oder Keramik-) Pfanne auf dem Herd mit dem Butterschmalz erhitzen.
9. Den festen Eischnee auf den Eierteig schütten und mit dem Spatel sanft unterheben.
10. Die Masse in die heiße Pfanne füllen, die Rosinen darauf verteilen und einige Minuten (ohne Rühren) anbraten, bis sich der Teig umdrehen lässt, dabei evtl. die Hitze reduzieren, sodass nichts anbrennen kann. Mit einem Pfannenwender in mehrere große Stücke zerteilen, umdrehen.
11. Mit dem restlichen Zucker bestreuen und unter Wenden karamellisieren lassen.
12. Mit einer Gabel in kleinere Stücke reißen und noch warm sofort servieren. Wer mag, dekoriert mit frischer Minze.
13. Dazu schmeckt der Zwetschgenröster (S. 80) besonders lecker, dann evtl. den Zucker auf die Hälfte reduzieren.

# Zwetschgenknödel

**Für 4 Portionen**
**ergibt 8 Knödel**
**Zubereitung: 10 Min.**
**Rührdauer: 5 Min.**

**Für die Knödel:**

40 g Grieß
40 g Mehl
40 g Semmelbrösel
2 Eier, Gr. S
1 Eigelb, Gr. S
250 g Quark
Salz
8 kleine Zwetschgen, entsteint

**Zum Wälzen:**

2 EL Butter
6 EL Semmelbrösel
½ TL Zimt, gemahlen
1 EL Zucker

1. Grieß, Mehl, Semmelbrösel, Eier und Eigelb und Quark (Flüssigkeit vorher abgießen) mit einer Prise Salz im Mixtopf **2 Min./Teigstufe/ohne MB** kneten, 10 Min. quellen lassen.
2. Einen mittelgroßen Kochtopf mit Wasser und 1 Prise Salz zum Kochen bringen.
3. Aus der Knödelmasse mit angefeuchteten Händen 8 Knödel drehen, jeweils 1 Zwetschge in die Mitte als Füllung setzen. Gut verschließen, damit die Klebestellen nicht aufgehen.
4. Im Salzwasser 13–14 Min. lang simmern lassen. Die Knödel schwimmen dann oben.
5. In der Zwischenzeit Mixtopf spülen und gut austrocknen.
6. Butter **1 Min./120 °C/Stufe 2/Linkslauf/ohne MB** schmelzen. Semmelbrösel, Zimt und Zucker zugeben und **2 Min./120 °C/Linkslauf Stufe 2/ohne MB** Farbe annehmen lassen. In einen tiefen Teller umschütten.
7. Die Knödel aus dem Topf nehmen und großzügig in der Semmelbrösel-Mischung wälzen.
8. Evtl. mit Vanille- oder Mohnsoße servieren.

# Quarkstrudel mit Rosinen

**Für 8 Portionen**
**Zubereitung: 10 Min.**
**Rührdauer: 9 Min.**
**Backen: 55–60 Min.**

500 g Quark (Magerstufe)
85 g Rosinen
½ MB Rum
1 Bio-Zitrone
120 g Zucker
100 g Butter, weich
3 Eier, Gr. M
1 MB Schlagsahne
100 g Crème fraîche
Mark von 1 Vanilleschote
1 Prise Salz
1 Pk. Strudelteig, 250 g, auf Backpapier ausgerollt (aus dem Kühlregal oder selbst gemacht, ca. 35 x 25 cm)
2 MB Vollmilch
Evtl. Butter zum Einfetten
Puderzucker zum Bestreuen

1. Quark in ein Sieb geben und 1–2 Std. lang abtropfen lassen.
2. Rosinen im Rum 1–2 Std. lang einweichen.
3. Zitrone heiß abspülen, trocknen und Schale mit einer Reibe abziehen und gründlich mit dem Zucker vermischen.
4. Backofen vorheizen auf 180 °C Umluft (oder 190 °C Ober-/Unterhitze).
5. Butter und Zitronenschalenzucker im Mixtopf **4 Min./Stufe 4/mit MB** rühren.
6. Eier zufügen und **3 Min./Stufe 4/mit MB** mixen.
7. Schlagsahne, Crème fraîche und Vanillemark zugeben sowie den abgetropften Quark, das Salz und die Rosinen und alles **2 Min./Stufe 2/mit MB** mischen.
8. Ein tiefes Backblech mit Backpapier belegen oder eine lange feuerfeste Form ausbuttern.
9. Ein großes Küchentuch auf der Arbeitsfläche ausbreiten und den Strudelteig darauf ausbreiten.
10. Die Quarkmasse auf den Strudelteig gleichmäßig aufstreichen, einen 5 cm breiten Rand lassen.
11. Die Stirnseiten umklappen, den Strudel von der Längsseite her mithilfe des Küchentuches aufrollen und auf das Backblech oder in die Form geben.
12. Auf der zweiten Schiene von unten 15 Min. lang backen, dann 1 MB Milch darübergießen. Die Hitze auf 160 °C Umluft (180 °C Ober-/Unterhitze) reduzieren. Nach weiteren 15 Min. die restliche Milch darübergießen.
13. 25 Min. lang weiterbacken, bis er goldgelb und knusprig ist.
14. Mit Puderzucker bestreut entweder heiß oder abgekühlt servieren.

# Buchteln

**Für 6–8 Portionen oder 4 Portionen als Hauptgericht**
**Zubereitung: 10 Min.**
**Rührdauer: 7 Min.**
**Ruhezeit: ca. 1 Std. 30 Min.**
**Backen: 35–40 Min.**

2 ½ MB Vollmilch
100 g weiche Butter
1 Pk. Trockenhefe (10 g)
500 g Weizenmehl
1 Prise Salz
90 g Zucker
10 g Zitronenzucker
1 TL Vanillezucker
2 Eigelb, Gr. L
Etwas Butter zum Einfetten
50 g Butter zum Einstreichen
1 Auflaufform ca. 21 x 21 cm oder tiefe Pfanne

1. Vollmilch und Butter im Mixtopf **2 Min./60 °C/Stufe 2/ohne MB** erwärmen. Hefe zufügen und **10 Sek./Stufe 2/ohne MB** darin auflösen, umschütten und 10 Min. gehen lassen. Mixtopf spülen und trocknen.
2. Mehl, Salz, Zucker, Zitronenzucker und Vanillezucker im Mixtopf **30 Sek./Stufe 3/mit MB** durchmischen. Eigelb und Hefemischung zufügen und **4.30 Min./Teigstufe/mit MB** kneten.
3. Eine Hefeteigschüssel mit Butter einfetten, den Teig hineingeben und abgedeckt 30 Min.–1 Std. an einem warmen Platz gehen lassen, bis sich der Teig deutlich vergrößert hat, je nach Temperatur und Luftfeuchtigkeit auch etwas länger.
4. Eine Auflaufform mit Butter einfetten. Aus dem Teig 7–8 Kugeln formen und diese nebeneinander in die Form setzen. Mit einem Küchentuch abgedeckt nochmal 10–20 Min. gehen lassen, bis sie deutlich größer geworden sind.
5. Die restliche Butter im (gespülten) Mixtopf **2 Min./70 °C/Stufe 2/ohne MB** oder in einem kleinen Kochtopf schmelzen lassen und die Buchteln damit einstreichen.
6. In der Zwischenzeit den Backofen vorheizen auf 180 °C Umluft (190 °C Ober-/Unterhitze).
7. Die Buchteln auf der zweiten Schiene von unten 35–40 Min. backen, bis sie Farbe annehmen.
8. Aus dem Ofen nehmen und abkühlen lassen oder noch warm mit Vanille- oder Fruchtsoße genießen.

Wer mag, kann die Buchteln vor dem Gehen auch mit je einer frischen Aprikose oder einer Pflaume füllen.

# Salzburger Nockerl

**Für 2–3 Portionen**
**Zubereitung: 8 Min.**
**Rührdauer: 5 Min.**

Butter zum Einfetten
120 g Zucker
1 TL Vanillezucker
6 Eiweiß, Gr. L (oder 7 Eiweiß, Gr. M)
2 Eigelb, Gr. L oder Gr. M
1 TL Zitronenzucker
20 g Mehl

1. Eine hitzefeste flache Auflaufform mit Butter einstreichen.
2. Backofen vorheizen auf 200 °C Ober-/Unterhitze (Umluft ist hier nicht empfehlenswert).
3. Zucker und Vanillezucker im Mixtopf **10 Sek./Stufe 10/mit MB** pulverisieren, mit dem Spatel hinunterschieben und umfüllen, davon etwa 20 g beiseitestellen zum Bestreuen.
4. Rühraufsatz einstecken, Eiweiß in den (fettfreien) Mixtopf hineingeben und **4 Min./Stufe 3.5/mit MB** zu Eischnee schlagen, dabei nach 2 Min. den Puderzucker durch die Deckelöffnung hach und nach hineinlöffeln, bis alles verbraucht ist.
5. Eigelb mit dem Zitronenzucker und dem Mehl in einer Tasse glattrühren, zum Eischnee geben und **30 Sek./Stufe 2.5/ohne MB** unterrühren.
6. Den luftigen Teig dann in zwei oder drei Portionen in die Auflaufform nebeneinandersetzen.
7. Sofort im Backofen etwa 10–14 Min. backen, bis die Nockerl beginnen, leicht Farbe anzunehmen. Vorher den Backofen nicht öffnen!
8. Mit dem restlichen Puderzucker bestreut sofort servieren.

Wer mag, verteilt in der Auflaufform vor dem Einfüllen noch 200 g Konfitüre oder Kompott nach Wahl, z. B. Preiselbeeren.

# Englischer Bread-and-Butter-Pudding

**Für 6 Portionen oder 4 Portionen als Hauptgericht**
**Zubereitung: 10 Min.**
**Rührdauer: 15 Min.**
**Einweichen: 30 Min.**
**Backen: 35 Min.**

200 g Weißbrot
Etwa 60 g Butter
90 g Rosinen
3 Eier, Gr. L
70 g Zucker
10 g Zitronenzucker
500 g Vollmilch
80 g Crème fraîche
1 MB Portwein
1 Auflaufform, ca. 21 x 21 cm

1. Weißbrot in ca. 1 cm dicke Scheiben schneiden und mit Butter bestreichen. In Würfel von ca. 1 x 1 cm schneiden und in eine Auflaufform geben.
2. Rosinen in heißem Wasser abspülen und darüber verteilen.
3. Eier, Zucker und Zitronenzucker im Mixtopf **2 Min./Stufe 5/mit MB** mixen.
4. Vollmilch, Crème fraîche und Portwein zufügen, **15 Sek./Stufe 4/mit MB** mischen, dann **12 Min./70 °C/Stufe 1.5/ohne MB** erhitzen.
5. Über die Brotmasse gießen und 30 Min. lang einweichen, zwischendurch vorsichtig umrühren, damit das Brot gleichmäßig eingetunkt ist.
6. In der Zwischenzeit den Backofen vorheizen auf 180 °C Umluft (190 °C Ober-/Unterhitze).
7. Den Pudding auf der zweiten Schiene von unten 35 Min. backen, bis die Eiermilch fest ist.

# NASCHEREIEN

# Mini-Früchtebrote mit Rum

**Für 30 Stück**
**Zubereitung: 20 Min.**
**Rührdauer: 2 Min.**
**Einweichen: 2 Tage**
**Backen: 30–32 Min.**

200 g Datteln, getrocknet
50 g Korinthen
200 g Zwetschgen, getrocknet
100 g Rosinen
100 g Cranberrys, getrocknet
100 g Zitronat
4 MB Rum
200 g Walnüsse
200 g Mandeln

1. Datteln, Korinthen, Zwetschgen, Rosinen, Cranberrys und Zitronat im Mixtopf **15 Sek./Stufe 5/mit MB** zerkleinern, in eine Schüssel umfüllen. Mit dem Rum auffüllen, durchmischen und 2 Tage im Kühlschrank einweichen, zwischendurch umrühren.
2. Wenn vorhanden, überschüssigen Rum abschütten.
3. Backofen vorheizen auf 180 °C Umluft (190 °C Ober-/Unterhitze). Zwei Backbleche mit Backpapier belegen.
4. Walnüsse und Mandeln **5 Sek./Stufe 6/mit MB** hacken, umfüllen.
5. Etwa 1/3 der Fruchtmenge mit 1/3 der Nüsse wieder in den Mixtopf geben und **20 Sek./Stufe 4/unter Zuhilfenahme des Spatels** mischen (die Masse ist sehr schwer).
6. Daraus dann etwa 30 Kugeln formen und auf die Backbleche setzen.
7. Auf der mittleren Schiene 30–32 Min. backen.
8. Am besten vor dem Verzehr 1 Tag ruhen lassen. Halten sich mehrere Wochen.

# Marzipan-Nougat-Häufchen

**Für 800 g**
**Zubereitung: 20 Min.**
**Rührdauer: 11 Min.**
**Backen: 7 Min.**

400 g Marzipanrohmasse, in Stücken
70 g Eiweiß
75 g Zucker
400 g Nougat, in Stücken
Etwa 30 g Kokosflocken

Die Barren halten sich trocken und kühl gelagert etwa 3 Wochen.

1. Backofen vorheizen auf 220 °C Umluft bzw. 240 °C Ober-/Unterhitze.
2. 1 Backblech mit Backpapier auslegen.
3. Marzipanrohmasse im Mixtopf **5 Sek./Stufe 6/mit MB** zerkleinern, umfüllen.
4. Eiweiß und Zucker im Mixtopf **8 Min./70 °C/Stufe 1.5/mit MB** rühren.
5. Nougat zugeben und **1 Min./Stufe 2/mit MB** schmelzen.
6. Marzipan zugeben und **1 Min./Stufe 2/mit MB** mischen.
7. Aus der Masse dann nach Belieben kleine Barren oder Kugeln formen und auf das Backblech setzen.
8. Im Backofen auf der zweiten Schiene von unten etwa 7 Min. lang backen, dabei während der letzten Minute aufpassen, dass die Barren nicht verbrennen (je nach Backofen!).
9. Herausnehmen und etwas abkühlen lassen.
10. Kokosflocken in eine kleine Schüssel geben und die noch leicht warmen Barren darin wälzen, die Kokosflocken fest andrücken.

# Schokolade mit Whiskysultaninen und Krokant

**Für 350 g**
**Zubereitung: 5 Min.**
**Rührdauer: 5 Min.**
**Einweichen: 2 Std.**

60 g Sultaninen
½ MB Whisky
200 g Vollmilchkuvertüre (Callets)
100 g Zartbitterkuvertüre (Callets)
1 EL Haselnusskrokant

1. Sultaninen mit dem Whisky in eine Schüssel geben und 2 Std. einweichen.
2. Nicht aufgesogenen Alkohol ausschütten und die Sultaninen auf Küchenpapier geben, um restliche Flüssigkeit aufzunehmen. Mit einem weiteren Blatt Küchenpapier leicht drücken.
3. Ein Backblech mit Butterbrotpapier auslegen.
4. Schokolade im Mixtopf **9 Sek./Stufe 9/mit MB** mahlen, spateln, 2 EL davon wieder herausnehmen.
5. **4 Min./40 °C/Stufe 1/ohne MB** schmelzen. Mit dem Spatel die restliche Schokolade wieder zufügen und darin auflösen. Sultaninen zufügen und mischen. Auf das Backblech schütten und mithilfe des Spatels auseinanderstreichen. Sofort mit dem Krokant bestreuen. Festwerden lassen, anschließend in Stücke brechen. Kühl aber nicht im Kühlschrank lagern und bald verbrauchen.

# Schoko-Krokant-Waffeln

**Für 450 g**
**Zubereitung: 5 Min.**
**Rührdauer: 6 Min.**
**Erstarren: 1 Std.**

130 g Zartbitterschokolade, in Stücken oder Callets
300 g Vollmilchschokolade, in Stücken oder Callets
2 Lagen Waffelblätter, ca. 29 x 23 cm (z. B. russische Dovgan)
50 g Krokant
1 EL Kokosfett

1. Die Schokolade in den trockenen Mixtopf geben und **8 Sek./Stufe 10/ mit MB** zerkleinern, spateln.
2. **5 Min./40 °C/Stufe 1/ohne MB** schmelzen.
3. Die Waffelblätter von einer Seite mit der geschmolzenen Schokolade einstreichen.
4. Krokant und Kokosfett in den Mixtopf geben und **30 Sek./40 °C/Linkslauf/Stufe 2/ohne MB** rühren, spateln und wiederholen.
5. Die Masse nun zügig auf eine schokolierte Waffel geben und glattstreichen.
6. Sofort mit der zweiten Waffel (Schokoladenseite nach unten) bedecken, leicht andrücken.
7. Im Kühlschrank fest werden lassen. Danach herausnehmen und mit einem scharfen Messer vorsichtig in gewünschte Portionen schneiden. Trocken und kühl lagern, innerhalb einer Woche verbrauchen.

# Schokonüsse mit Zimt und Chili

**Für 650 g**
**Zubereitung: 10 Min.**
**Rührdauer: 1 Min.**
**Anrösten: 5 Min.**

160 g brauner Rohrzucker
1 TL Zimtpulver
1 EL Kakaopulver, entölt
1 Prise Chilipulver
50 g Zartbitterschokolade, in Stücken
70 g Vollmilchschokolade, in Stücken
400 g gemischte Nüsse wie Mandeln, Haselnüsse, Cashews oder Walnusshälften

1. Zucker, Zimt, Kakao und Chili im Mixtopf **10 Sek./Stufe 10/mit MB** mahlen, in eine große Schüssel umfüllen.
2. Schokoladenstücke im Mixtopf **8 Sek./Stufe 8/mit MB** zerkleinern, mit dem Spatel nach unten schieben.
3. Nüsse in einer Pfanne ohne Fett ein paar Minuten lang anrösten.
4. Noch heiß zur Schokolade in den Mixtopf schütten und **30 Sek./Linkslauf/Stufe 1/ohne MB** mischen, sodass die Nüsse gleichmäßig mit der Schokolade benetzt sind.
5. Nun in den Kakaozucker schütten und mit einem Löffel vermischen, bis alle Nüsse ummantelt sind.
6. Auf einem kühlen Backblech fest werden lassen.

Halten sich etwa 3 Wochen.

# Snickerdoodles

**Für 10 Kekse**
**Zubereitung: 10 Min.**
**Rührdauer: 5 Min.**
**Ruhezeit: 45–60 Min.**
**Backen: 14–16 Min.**

230 g Mehl (vorzugsweise Dinkelmehl, Type 1050)
½ TL Zimtpulver
1 TL Backpulver
120 g Zucker
120 g Butter, weich
1 Ei, Gr. S
1 Eigelb, Gr. S

**Zum Wälzen:**
80 g Zucker
1 ½ TL Zimtpulver

1. Mehl, Zimt und Backpulver im Mixtopf **1 Min./Stufe 4/mit MB** mischen, umfüllen.
2. Zucker, Butter Ei und Eigelb **2 Min./Stufe 4/mit MB** rühren.
3. Hälfte der Mehlmischung zugeben, **2 Min./Teigstufe/ohne MB** kneten, dabei löffelweise durch die Deckelöffnung das restliche Mehl zugeben. Mit dem Spatel den Teig auf eine Klarsichtfolie schütten, zu einer Kugel formen und 45–60 Min. im Kühlschrank ruhen lassen.
4. Backofen vorheizen auf 170 °C Umluft (185 °C Ober-/Unterhitze). Zwei Backbleche mit Backpapier belegen. Zucker und Zimt in einer kleinen Schüssel vermischen. Aus dem Teig evtl. mithilfe eines Eisportionierers 10 Kugeln formen (je ca. 45 g), im Zimtzucker kräftig wälzen.
5. Auf die Backbleche verteilen (je 5) und leicht flach drücken. Im Backofen auf mittlerer Schiene 14–16 Min. goldbraun backen. Abkühlen lassen. Schmecken nach ein paar Tagen noch besser – sofern noch etwas übrig ist …

# Chocolate Chip Cookies

**Für ca. 40 Stück**
**Zubereitung: 20 Min.**
**Rührdauer: 6 Min.**
**Backen: je Blech 10–12 Min.**

150 g Mandeln (oder Erdnüsse)
270 g Mehl
1 Prise Salz
½ TL Natron
⅓ TL Backpulver
250 g Butter, weich
50 g Zucker
100 g Rohrohrzucker
1 EL Vanillezucker
1 Prise Zimtpulver
1 Prise gem. Sternanis
2 Eier, Gr. L
150 g Zartbitterkuvertüre (Callets oder Schokotropfen)

1. Backofen vorheizen auf 200 °C Ober-/Unterhitze (180 °C Umluft). Vier Backbleche mit Backpapier belegen.
2. Mandeln im Mixtopf **5 Sek./Stufe 4.5/mit MB** zerkleinern.
3. Mehl, Salz, Natron und Backpulver zugeben und **30 Sek./Stufe 4 mit MB** mischen, umfüllen.
4. Butter, beide Zucker, Vanillezucker, Zimt, Sternanis und Eier im Mixtopf **2 Min./Stufe 4 mit MB** rühren, spateln.
5. Mehlmischung zugeben, **2 Min./Teigstufe** kneten lassen, der Teig ist dann relativ zäh.
6. Jetzt die Schokoladencallets und die Mandeln zugeben, nochmals **30 Sek./Teigstufe/unter Zuhilfenahme des Spatels** mischen.
7. Teig esslöffelweise auf die Backbleche setzen (am besten je 6–8 Stück pro Blech, sie laufen auseinander beim Backen).
8. Auf der mittleren Schiene jedes Blech etwa 10–12 Min. lang backen, bis die Cookies leicht Farbe annehmen. Die Kekse sollen nicht zu knusprig werden, sondern innen noch etwas weich und zartschmelzend.
9. Zum Auskühlen auf ein Gitter setzen (Vorsicht, sie brechen leicht).
10. Danach in einer Dose aufbewahren, 2 Wochen haltbar.

# Feiner Eierlikör

**Für 1 l**
**Zubereitung: 10 Min.**
**Rührdauer: 20 Min.**
**Abkühlen: 10 Min.**

190 g Zucker
2 TL Vanillezucker
9 Eigelb, Gr. L (ganz frisch, oder 11 Eigelb, Gr. M)
200 g Kaffeesahne, 10 %
1 ½ MB Weinbrand oder Whisky nach Geschmack
1 MB Orangenlikör oder Limoncello

1. Zucker und Vanillezucker im Mixtopf **10 Sek./Stufe 10/mit MB** pulverisieren.
2. Eigelb zugeben und **4 Min./Stufe 5/mit MB** rühren.
3. Kaffeesahne zuschütten und **15 Min./70 °C/Stufe 3/mit MB** emulgieren.
4. 10 Min. abkühlen lassen.
5. Mit dem Weinbrand die Flasche(n) 10 Min. lang desinfizieren.
6. Danach mit dem Orangenlikör oder Limoncello zur Eiersahne geben und **2 Min./Stufe 3.5/mit MB** mixen.
7. In die desinfizierte Flasche(n) mittels Trichter abfüllen.
8. Im Kühlschrank lagern.

Dieser leckere Eierlikör musste einfach in dieses Buch mit hinein – außerdem wird Eierlikör in vielen meiner Rezepte verwendet. Mit diesem Selbstgemixten schmeckt alles noch besser …

Er hält sich im Kühlschrank 4–6 Wochen. Vor Gebrauch die Flasche gut schütteln.

# EISKALTE KÖSTLICHKEITEN: SORBETS, EISCREME UND PARFAITS

# Fruchteis

**Für 4 Portionen**
**Zubereitung: 1 Min.**
**Rührdauer: 3 Min.**

60 g Zucker
300 g gefrorene Beeren, ungezuckert (Erdbeeren, Himbeeren, Heidelbeeren)
2 Eiweiß, Gr. M

1. Zucker im Mixtopf **10 Sek./Stufe 10/mit MB** mahlen.
2. Die tiefgefrorenen Beeren zugeben, **10 Sek./Stufe 8/mit MB** zerkleinern.
3. Die Früchte mit dem Spatel zur Seite schieben und den Rühreinsatz aufstecken, sodass er gut sitzt. Das Eiweiß zugeben, **2 Min./Stufe 4/ mit MB** rühren. Sofort servieren.
4. Am besten lässt man den Mixtopf vorher 30 Min. lang im Gefrierschrank richtig kalt werden. Soll das Eis fester sein, füllt man es in eine gekühlte Form und stellt es 1–2 Std. in den Gefrierschrank. Es lässt sich dann noch besser zu Kugeln formen – besonders an heißen Tagen ideal!

# Erdbeer-Mascarpone-Eis

**Für 6 Portionen**
**Zubereitung: 10 Min.**
**Rührdauer: 3 Min.**
**Gefrieren: 12 Std.**

600 g Erdbeeren, geputzt
150 g Zucker
1 TL Vanillezucker
1 TL Schalenabrieb einer Bio-Zitrone
200 g Sahnejoghurt
200 g Mascarpone
1 MB Eierlikör

1. Erdbeeren mit dem Zucker, Vanillezucker und Zitronenschale im Mixtopf **10 Sek./Stufe 10/mit MB** pürieren, spateln.
2. Sahnejoghurt, Mascarpone und Eierlikör zugeben und **2 Min./Stufe 3/ mit MB** mischen.
3. Für die Eismaschine: 1 Std. im Gefrierschrank vorkühlen, dann in die Eismaschine umfüllen.
4. Im Gefrierschrank: Eismasse in kleinen Schüsseln oder Eiswürfelformen einfrieren. Das Eis dann im Mixtopf **45 Sek.–1 Min./Stufe 6 ansteigend/mithilfe des Spatels** mixen, Kugeln abstechen und servieren.

# Sauerrahmeis

**Für 6 Portionen**
**Zubereitung: 10 Min.**
**Rührdauer: ca. 18 Min.**
**Gefrieren: über Nacht**
**Antauen: 20 Min.**

200 g Schlagsahne, sehr kalt
180 g Zucker
2 TL Vanillezucker
1 ½ MB Vollmilch
6 Eigelb, Gr. M
1 TL Bio-Zitronenschale, frisch
300 g Sauerrahm
100 g Himbeeren, frisch

1. Schlagsahne in den Mixtopf geben. Rühraufsatz einstecken und **auf Sicht/ Stufe 3/mit MB** sämig aufschlagen (ca. 3 Min.), umfüllen.
2. Zucker, Vanillezucker und Milch im Mixtopf **5 Min./90 °C/Stufe 3/ohne MB** erhitzen.
3. Auf 75 °C abkühlen lassen, dann den Mixtopf **9 Min./70 °C/Stufe 3/ ohne MB** rühren, dabei die Eigelbe nacheinander zugeben.
4. Zitronenschale und Sauerrahm **1 Min./Stufe 3/mit MB** unterrühren.
5. Angeschlagene Sahne mithilfe des Spatels unterheben.
6. Eine Königskuchenform mit Klarsichtfolie auslegen.
7. Die Eismasse hineinfüllen und glattstreichen. Weitere Klarsichtfolie direkt auf die Oberfläche legen. Über Nacht gefrieren.
8. 20 Min. vor dem Servieren im Kühlschrank antauen lassen.
9. Mit frischen Himbeeren bestreuen. Ein scharfes Messer in kaltes Wasser tauchen und das Parfait damit in Scheiben schneiden, sofort servieren.

Wer lieber Eiskugeln mag, kann das Sauerrahmeis auch in kleinere Schüsseln füllen, einfrieren und dann unmittelbar vor dem Servieren im Mixtopf 45 Sek.–1 Min/Stufe 6 ansteigend/mithilfe des Spatels zerkleinern. Dann mit einem nassen Eisportionierer sofort Kugeln herausdrehen und mit den Himbeeren oder einer Fruchtsoße genießen.

# Spekulatius-Zimt-Parfait

**Für 4 Portionen**
**Zubereitung: 15 Min.**
**Rührdauer: ca. 16 Min.**
**Gefrieren: über Nacht**
**Antauen: 20 Min.**

220 g Zucker
1 TL Vanillezucker
2 MB Vollmilch
1 TL Zimtpulver
6 Eigelb, Gr. M
½ MB Orangenlikör (oder Orangensaft)
3 MB Schlagsahne
100 g Spekulatius

1. Zucker, Vanillezucker, Milch und Zimt im Mixtopf **4 Min./90 °C/Stufe 3/ohne MB** erhitzen.
2. Auf 75 °C abkühlen lassen, dann den Mixtopf **9 Min./70 °C/Stufe 4/mit MB** rühren, dabei die Eigelbe nacheinander zugeben.
3. Orangenlikör während der letzten Minute durch die Deckelöffnung hineinschütten.
4. Umschütten und 30 Min. abkühlen lassen.
5. Schlagsahne in den Mixtopf geben. Rühraufsatz einstecken und **auf Sicht/Stufe 3/mit MB** steif aufschlagen (ca. 3–4 Min.), umfüllen.
6. Schlagsahne mithilfe des Spatels unter die Eiermasse heben.
7. Eine kleine Kastenform mit Klarsichtfolie auslegen.
8. 1/3 der Eismasse hineinfüllen, eine Schicht Spekulatiuskekse darauflegen. Eine weitere Schicht Eis, wieder Kekse darauf geben, mit Eismasse enden. Weitere Klarsichtfolie direkt auf die Oberfläche legen. Über Nacht gefrieren.
9. 20 Min. vor dem Servieren in den Kühlschrank stellen und antauen lassen.
10. Ein scharfes Messer in kaltes Wasser tauchen und das Parfait damit in Scheiben schneiden, sofort servieren, evtl. weitere Spekulatiuskekse statt Waffeln dazu reichen.

# Mango-Joghurt-Parfait

**Für 4 Portionen**
**Zubereitung: 5 Min.**
**Rührdauer: 2 Min.**
**Gefrieren: 7–9 Std. bzw. 30 Min. in der Eismaschine**

1 reife Mango
½ MB Maracujasirup
250 g griechischer Joghurt, 10 % Fett
50 g Crème fraîche
Etwas Minze zum Dekorieren

1. Mango schälen, Fruchtfleisch vom Kern abschneiden, Saft auffangen.
2. Mit dem Maracujasirup im Mixtopf **10 Sek./Stufe 5–10 ansteigend/mit MB** pürieren.
3. Joghurt und Crème fraîche zufügen, **1 Min./Stufe 3/mit MB** mischen.
4. In mehrere kleine Gefriergefäße (vorzugsweise aus Edelstahl) füllen, mit Klarsichtfolie die Oberfläche abdecken und für 7–9 Std. in den Gefrierschrank geben.
5. Danach im Mixtopf **45 Sek.–1 Min./Stufe 6 ansteigend/mithilfe des Spatels** feincremig mixen und mit einem Eisportionierer Kugeln abstechen.
6. Mit der Minze garniert servieren.

Alternativ zu Schritt 4 und 5 in der Eismaschine gefrieren lassen.

# Bildnachweis

S. 11, 13: Shutterstock/Jiri Hera, S. 11, 15: Shutterstock/Leszek Glasner, S. 16: Shutterstock/Brent Hofacker, S. 17, 19: Shutterstock/AnjelikaGr, S. 17, 24: Shutterstock/Africa Studio, S. 21: Shutterstock/Foodio, S. 25, 50: Shutterstock/Alieva Liubov, S. 25, 27: Shutterstock/Nataliya Arzamasova, S. 25, 35: Shutterstock/Natalya Maiorova, S. 41: istock/A_Lein, S. 43: Shutterstock/Adriana Nikolova, S. 47: Shutterstock/night flower, S. 51, 53: Shutterstock/Viktor1, S. 51, 69: Shutterstock/Fedorovacz, S. 63: Shutterstock/Lesya Dolyuk, S. 66: Shutterstock/Brent Hofacker, S. 67: Shutterstock/Tatiana Bralnina, S. 71, 77: Shutterstock/Beauty photographer, S. 71, 74: Shutterstock/Dima Sikorsky, S. 72, 3: Shutterstock/MaraZe, S. 78: Shutterstock/Malivan_Iuliia, S. 79: Shutterstock/Maria Bochkova, S. 80: Shutterstock/lizabarbiza, S. 81, 91: Shutterstock/truembie, S. 81, 89: Shutterstock/Katerina Perera, S. 81, 83, 85: Shutterstock/A_Lein, S. 87: Shutterstock/denio109, S. 92: Shutterstock/MShev, S. 93, 102: Shutterstock/Eddie100164, S. 93, 101: Shutterstock/amberto4ka, S. 98: Shutterstock/oksana2010, S. 103, 107: Shutterstock/Lesya Dolyuk, S. 103, 105: Shutterstock/Oxana Denezhkina, S. 103, 109: Shutterstock/A_Lein, S. 104: Shutterstock/Fabio Balbi, S. 111: Shutterstock/Batti, S. 11, 12, 17, 18, 23, 29, 31, 33, 36, 37, 39, 45, 49, 51, 52, 54, 55, 57, 59, 60, 61, 65, 70, 71, 75, 76, 93, 94, 95, 96, 97, 99: © Elisabeth Engler